COLEÇÃO
VERSOS DO
VASTO
MUNDO

PINARD

TRADUÇÃO Davis Diniz

Gabriela Mistral

A mulher forte e outros poemas

Sumário

7 **Como escrevo**

10 **Chile e a pedra**

13 **Desolação [1922]**

O pensador de Rodin
A cruz de Bistolfi
A mulher forte
À virgem da colina
Meus livros
A sombra inquieta
A professora rural
Deus queira
Sonetos da morte
Poema do filho
Canções no mar
Paisagens da Patagônia
A montanha de noite
O Ixtlazihuatl
Voto

75 **Ternura [1924]**

Adormecida
Canção quéchua
Menino mexicano
Ronda das cores
Medo
A caixinha de olinalá
Montanha
A terra
Verão
Hino à árvore
Canção do milharal
Epílogo com cara de justificativa

123 **Tala [1938]**

A fuga
Noturno dos velhos tecedores
Gestos
A flor do ar
Água
Dois hinos
Coisas
Canção das meninas mortas
Nas graças do mar
Velha
Licença para algumas notas
Razão deste livro

185 Lagar [1954]

A outra
A que caminha
Uma piedosa
Morte do mar
Queda da Europa
Uma palavra
Minha mãe
Mãos de operários
Procissão indígena
Recado terrestre

235 Poema do Chile [1967]

Descoberta
Noite de metais
O mar
Queda do Laja
Selva austral
Vulcão Osorno
Electra na névoa
Despedida do viajante
Ela quis ser nuvem
Despedida

291 POSFÁCIO

Gabriela Mistral: formação
provinciana e inserção
mundial de uma poética do
mar às pedras
Davis Diniz

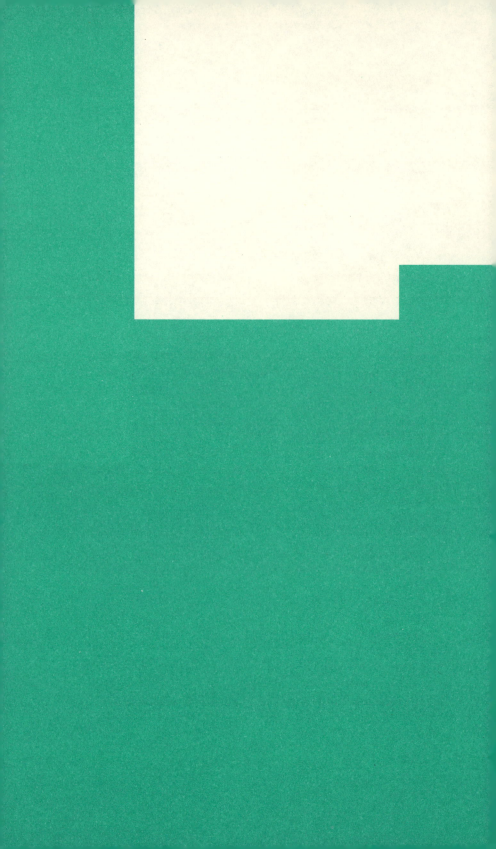

Como escrevo*

As mulheres não escrevemos solenemente como Buffon, que vestia sua jaqueta de mangas com rendas para o transe e se sentava com toda a solenidade à sua mesa de mogno.

Eu escrevo sobre meus joelhos e a mesa escrivaninha nunca me serviu de nada, nem no Chile, nem em Paris, nem em Lisboa.

Escrevo de manhã ou de noite, e a tarde não me deu nunca inspiração, sem que eu entenda a razão de sua esterilidade ou de sua má vontade comigo.

Creio não haver feito jamais um verso em quarto fechado nem em quarto cuja janela desse para um horrível muro de casa; sempre me firmo em um pedaço de céu, que o Chile me deu azul e a Europa me dá manchado. Meus humores ficam melhores se firmo meus olhos velhos em uma massa de árvores.

Enquanto fui criatura estável de minha raça e meu país, escrevi o que via ou tinha muito de imediato, sobre a carne quente do assunto. Desde que sou criatura vagabunda, desterrada voluntária, parece que não escrevo senão em meio a um vapor de fantasmas. A terra da América e a minha gente, viva ou morta, se tornaram para mim um cortejo melancólico, mas muito fiel, que, mais que me envolver, me abriga e me oprime e raras vezes me deixa ver a paisagem e a gente estrangeira. Escrevo sem pressa,

---

* Em uma tarde de janeiro de 1938, durante os Cursos Sul-americanos de Férias que foram celebrados em Montevidéu, reuniram-se no pátio da Universidade, Alfonsina Storni, Juana de Ibarbourou e Gabriela Mistral, para contar como escreviam seus versos. Gabriela, depois de fazer o cumprimento elogioso à Alfonsina e à Juana, disse as seguintes palavras. (Nota do original)

geralmente, e outras vezes com uma rapidez vertical de desliza-mento de pedras na Cordilheira. Me irrita, em todo caso, parar, e tenho sempre ao lado, quatro ou seis lápis com ponta, porque sou bastante preguiçosa, e tenho o hábito mimado de que me deem tudo feito, exceto os versos.

No tempo em que eu me descabelava com a língua, exigin-do-lhe intensidade, costumava ouvir, enquanto escrevia, um ran-ger de dentes bastante colérico, o chiar da lixa sobre o fio cego do idioma.

Agora já não brigo com as palavras, mas com outra coisa. Tomei desgosto e desapego por minhas poesias cujo tom não é o meu, por ser demasiado enfático. Não me desculpo senão da-queles poemas onde reconheço minha língua falada, isso que Don Miguel, o basco, chamava a "língua conversacional".

Corrijo muito mais do que as pessoas podem crer, lendo uns versos que ainda assim me parecem bárbaros. Saí de um labirinto de colinas, e algo desse nó sem dentes possíveis fica no que faço, seja verso ou prosa.

Escrever costuma me alegrar; sempre me suaviza o ânimo e me brinda um dia ingênuo, terno, infantil. É a sensação de haver estado por umas horas em minha pátria real, em meu costume, em meu desejo solto, em minha liberdade total.

Gosto de escrever em quarto asseado, ainda que eu seja uma pessoa muito desordenada. A ordem parece me oferecer espaço, e minha vista ou minha alma têm este apetite de espaço.

Em algumas ocasiões escrevi seguindo um ritmo recolhido em uma vazão que ia pela rua lado a lado comigo, ou seguindo os ruídos da natureza, que se fundiam comigo em uma espécie de canção de ninar.

Por outra parte, tenho ainda a poesia circunstancial que os poetas moços tanto desprezam.

A poesia me conforta os sentidos e isso que chamam a alma; mas a alheia muito mais que a minha. Ambas fazem meu sangue correr melhor; me defendem da infantilidade do caráter, me ani-nham e me dão uma espécie de assepsia a respeito do mundo.

A poesia é em mim, simplesmente, um colo, um sedimento da infância submersa. Ainda que resulte amarga e dura, a poesia que faço me lava das poeiras do mundo e até não sei de que vilania essencial parecida com o que chamamos o pecado original, que levo comigo e que levo com aflição. Talvez o pecado original não seja mais que nossa caída na expressão racional e antirrítimica à qual desceu o gênero humano e que mais dói em nós, as mulheres, pelo gozo que perdemos na graça de uma língua de intuição e de música que ia a ser a língua do gênero humano.

É tudo quanto sei dizer de mim e vocês não me ponham a averiguar mais.

Tradução de André Aires

Chile e a pedra*

O chileno não pode contar como um idílio a história de sua pátria: Ela tem sido muitas vezes gesta ou, em linguagem militar, umas marchas forçadas.

Ao dizer "os Andes", o equatoriano diz "selva", do mesmo modo o colombiano. Nós, ao dizermos "cordilheira", nomeamos uma matéria implacável e ácida, mas o fazemos com uma dicção filial, pois ela é para nós uma criatura familiar, a matriarca original. Nosso testemunho mais visível nos mapas resulta ser a pedra; a memória das crianças transborda de cerros e serranias; a pintura de nossos paisagistas anda povoada pela fosforescência branco azulada sob a qual vivemos. O homem nosso, geralmente corpu-

---

* Texto originalmente publicado em 5 de setembro de 1943 no jornal argentino *La Nación*, conforme documenta a página Gabriela Mistral Foundation. Uma segunda versão de "Chile y la piedra" foi publicada no jornal chileno *El Mercurio*, em 24 de abril de 1944, conforme datiloscrito que se encontra digitalizado e disponível na página da Biblioteca Nacional do Chile. Fundamentalmente, a versão publicada no jornal de Valparaíso se distingue da primeira publicação em Buenos Aires apenas por ampliar a interpelação do tópos da pedra para outras latitudes (Nova Iorque, Rio de Janeiro, regiões andinas do Peru e outras civilizações pré--colombianas), mediante a inserção de outros quatro parágrafos. Ou seja, Mistral dilatou – ou finalmente foi autorizada a publicar a íntegra do texto que pode ter sido editado quando da publicação no *La Nación* – o problema da pedra enquanto lema & dilema do imaginário nacional chileno, conferindo-lhe espessuras interamericanas, como é característico de sua poética. Optamos aqui por traduzir "Chile e a pedra" a partir da sua primeira versão conhecida, por considerarmos que, nela, o texto já carrega a extensão interamericana e, ao mesmo tempo, sublinha a especificidade que ronda a literatura nacional, algo que talvez se encontre diluído na segunda versão. (Nota do tradutor)

lento, parece pedra aterrada ou penha em repouso e nossos mortos dormem como pedras lájeas devolvidas a seus cerros.

A pedra forma o respaldo da chilenidade; ela, e não um tapete de relva, sustém nossos pés. Vai dos Andes ao mar em cordões ou serranias, criando uma série de vales; cai docemente rumo à chamada Cordilheira da Costa, e brinca de nos transformar em colinas depois de ter tramado amassar gigantes no Campanário e em Tupungato.

Ela parece nos seguir e nos perseguir até o extremo sul, pois alcança a Terra do Fogo, que é onde os Andes vão morrer.

Mas, se dirá, a vida não prospera sobre a rocha e apenas medra nos lodos férteis. Como escapamos dela para criar a pátria?

E a resposta está aqui. Todos se lembram dos castelos feudais e dos grandes monastérios medievais da Europa, cujo muro circular é de pedra absoluta, de pedra cega que não promete nada a quem chega. O portão monumental se abre e então aparece um jardim, um parque, um vinhedo, e outros espaços verdes a mais.

O Chile é dessa mesma surpresa. Chega-se a ele por meio de "passos" de cordilheira e se cai bruscamente sobre um horto que ninguém imaginava; ou então se penetra pelo Norte, e atravessando o deserto de sal, abrem-se aos olhos os vales de Copiapó, do Huasco e do Elqui, encrespados vinhedos ou esbranquiçados de figueiral; ou então se entra pelo Estreito de Magalhães, e se recebe a partir daí um país de relva, uma ondulação interminável de pastagens. Avançando em direção ao centro do país com o aliciante desta promessa botânica, encontra-se ali, por fim, o agro em plenitude sobre a planície central, verdadeiro Vale do Paraíso, estendido em uma oferta de paisagem e ao mesmo tempo de realização. Tal região é nossa revanche sobre a pedra invasora, uma extensa doçura onde curar os olhos feridos pelas fixações da cordilheira.

Desolación [1922]

Desolação

EL PENSADOR DE RODIN

A Laura Rodig

Con el mentón caído sobre la mano ruda,
el Pensador se acuerda que es carne de la huesa,
carne fatal, delante del destino desnuda,
carne que odia la muerte, y tembló de belleza.

Y tembló de amor, toda su primavera ardiente,
y ahora, al otoño, anégase de verdad y tristeza.
El "de morir tenemos" pasa sobre su frente,
en todo agudo bronce, cuando la noche empieza.

Y en la angustia, sus músculos se hienden, sufridores.
Los surcos de su carne se llena de terrores.
Se hiende, como la hoja de otoño, al Señor fuerte

que le llama en los bronces... Y no hay árbol torcido
de sol en la llanura, ni león de flanco herido,
crispados como este hombre que medita en la muerte.

O PENSADOR DE RODIN

Para Laura Rodig

Com o queixo caído sobre a mão indelicada,
o Pensador se recorda que é carne de cavidade,
carne fatal, diante do destino desvelada,
carne que odeia a morte, e tremeu de prodigalidade.

E tremeu de amor, toda sua primavera ardente,
e agora, ao outono, renega a verdade e a nostalgia.
O "a morrer viemos" passa sobre sua frente,
em todo agudo bronze, quando a noite refulgia.

E na angústia seus músculos se fendem, sofredores.
Os sulcos de sua carne se enchem de terrores.
Eivado, como a folha de outono, ao Senhor forte

que lhe chama nos bronzes... E não há arbusto retorcido
por sol na chapada, nem leão de flanco ferido,
crispados como este homem que medita na morte.

LA CRUZ DE BISTOLFI

Cruz que ninguno mira y que todos sentimos,
la invisible y la cierta como una ancha montaña:
dormimos sobre ti y sobre ti vivimos;
tus dos brazos nos mecen y tu sombra nos baña.

El amor nos fingió un lecho, pero era
solamente tu garfio vivo y tu leño desnudo.
Creímos que corríamos libres por las praderas
y nunca descendimos de tu apretado nudo.

De toda sangre humana fresco está tu madero,
y sobre ti yo aspiro las llagas de mi padre,
y en el clavo de ensueño que le llagó, me muero.

¡Mentira que hemos visto las noches y los días!
Estuvimos prendidos, como el hijo a la madre,
a ti, del primer llanto a la última agonía!

A CRUZ DE BISTOLFI

Cruz que ninguém vê e que todos sentimos,
invisível e certa como uma ampla montanha:
vivemos sobre ti e sobre ti dormimos;
teus dois braços nos acalentam e tua sombra nos banha.

O amor nos fingiu um leito, mas visto bem
somente teu garfo vivo era e teu lenho pelado.
Críamos que corríamos livres pelos azevéns
E nunca descemos do teu apertado enodado.

Tua madeira de tanto sangue humano está nova,
e sobre ti aspiro as chagas do meu pai eterno,
e no sonho que o crucificou eu apregoo minha cova.

É mentira que vimos as noites e os dias!
Estivemos agarrados, feito o embrião ao útero materno,
a ti, do primeiro pranto à última agonia.

LA MUJER FUERTE

Me acuerdo de tu rostro que se fijó en mis días,
mujer de saya azul y de tostada frente,
que en mi niñez y sobre mi tierra de ambrosía
vi abrir el surco negro en un abril ardiente.

Alzaba en la taberna, honda, la copa impura
el que te apegó un hijo al pecho de azucena,
y bajo ese recuerdo, que te era quemadura,
caía la simiente de tu mano, serena.

Segar te vi en enero los trigos de tu hijo,
y sin comprender tuve en ti los ojos fijos,
agrandados al par de maravilla y llanto.

Y el lodo de tus pies todavía besara,
porque entre cien mundanas no he encontrado tu cara
¡y aun te sigo en los surcos la sombra con mi canto!

A MULHER FORTE

Me lembro do teu rosto que se fixou nos meus dias,
mulher de saia azul e de tostada frente,
que na minha infância e sobre minha terra de ambrosia
vi abrir o sulco negro em um abril ardente.

Alçava na taberna, profunda, a taça impura
quem um filho te prendeu ao peito de açucena,
e sob esta lembrança, que te era queimadura,
caía a semente da tua mão, serena.

Segar te vi em janeiro os trigos da tua filia,
e sem compreender dei a ti os olhos em vigia,
esbugalhados ao par de maravilha e pranto.

E o barro dos teus pés ainda beijara,
porque entre cem mundanas não pude encontrar tua cara
e a sombra ainda te sigo nos sulcos com meu canto!

A LA VIRGEN DE LA COLINA

A beber luz en la colina,
te pusieron por lirio abierto,
y te cae una mano fina
hacia el álamo de mi huerto.

Y he venido a vivir mis días
aquí, bajo de tus pies blancos.
A mi puerta desnuda y fría
echa sombra tu mismo manto.

Por las noches lava el rocío
tus mejillas como una flor.
¡Si una noche este pecho mío
me quisiera lavar tu amor!

Más espeso que el musgo oscuro
de las grutas, mis culpas son;
es más terco, te lo aseguro,
que tu peña, mi corazón.

¡Y qué esquiva para tus bienes
y qué amarga hasta cuando amé!
El que duerme, rotas las sienes,
era mi alma ¡y no lo salvé!

Pura, pura la Magdalena
que amó ingenua en la claridad.
Yo mi amor escondí en mis venas.
¡Para mí no ha de haber piedad!

¡Oh, creyendo haber dado tanto
ver que un vaso de hieles di!
El que vierto es tardío llanto.
Por no haber llorado, ¡ay de mí!

À VIRGEM DA COLINA

Para beber luz na colina
te plantaram por lírio grassado,
e de ti cai uma mão fina
ao curso do álamo do meu arado.

E vim a viver meus dias
aqui, debaixo dos teus pés brancos.
Na minha porta desnuda e fria
despeja sombra teu próprio manto.

Pelas noites lava o orvalho
tuas faces como uma flor.
Se em uma noite meu peito falho
quisera lavar-me teu amor!

Mais espesso que o musgo escuro
das grutas, minhas culpas são;
é mais teimoso, te asseguro,
que tua penha, meu coração.

E quão esquiva para tuas abênças
e quão amarga mesmo quando amei!
Quem dormia, rotas as crenças,
foi minha alma, e não a salvei!

Pura, Madalena, qual areia
que ingênua amou na claridade.
Escondi meu amor nas minhas veias.
A mim não há de redimir a piedade!

Oh!, crendo ter dado tanto
ver que um copo de féis rendi!
Tudo que verto é tardio pranto.
Por não haver chorado, ai de mim!

Madre mía, pero tú sabes:
más me hirieron de lo que herí.
En tu abierto manto no cabe
la salmuera que yo bebí;

en tus manos no me sacudo
las espinas gane hay en mi sien.
¡Si a tu cuello mi pena anudo
te pudiera ahogar también!

¡Cuánta luz las mañanas traen!
Ya no gozo de su zafir.
Tus rodillas no más me atraen
como al niño que ha de dormir.

Y aunque siempre las sendas llaman
y recuerdan mi paso audaz,
tu regazo tan sólo se ama
porque ya no se marcha más...

Ahora estoy dando verso y llanto
a la lumbre de tu mirar.
Me hace sombra tu mismo manto.
Si tú quieres, me he de limpiar.

Si me llamas subo el repecho
y a tu peña voy a caer.
Tú me guardas contra tu pecho.
(Los del valle no han de saber...)

La inquietud de la muerte ahora
turba mi alma al anochecer.
Miedo extraño en mis carnes mora.
¡Si tú callas, qué voy a hacer!

Mãe Senhora, mas tu sabes:
mais me feriram do que feri.
Em teu aberto manto não cabe
a salmoura que já bebi;

nas tuas mãos não me solto
dos espinhos que há em minha tez.
Se a teu pescoço minha pena volto
a ti o meu naufrágio daria vez!

Quanta luz as montanhas emanam!
Não me deleito mais com tua safira.
Teus joelhos já não me demandam
como o menino que por ti se estira.

E embora sempre os caminhos aclamam
e recordam meu passo audaz,
teu regaço tão-só se ama
porque já não se caminha mais...

Agora estou dando verso e pranto
à luz do teu olhar.
Me faz sombra teu próprio manto.
Se tu queres, hei de me limpar.

Se me chamas subo este veio
e à tua penha vou a tombar.
Tu me guardas contra teu seio
(A gente do vale não há de notar...).

A inquietude da morte agora
turva minha alma ao anoitecer.
Medo estranho em minhas carnes mora.
Se te calas, que mais vou eu fazer!

MIS LIBROS

(Lectura en la Biblioteca mexicana Gabriela Mistral)

¡Libros, callados libros de las estanterías,
vivos en su silencio, ardientes en su calma;
libros, los que consuelan, terciopelos del alma,
y que siendo tan tristes nos hacen la alegría!

Mis manos en el día de afanes se rindieron;
pero al llegar la noche los buscaron, amantes
en el hueco del muro donde como semblantes
me miran confortándome aquellos que vivieron.

¡Biblia, mi noble Biblia, panorama estupendo,
en donde se quedaron mis ojos largamente,
tienes sobre los Salmos las lavas ardientes
y en su río de fuego mi corazón enciendo!

Sustentaste a mis gentes con tu robusto vino
y los erguiste recios en medio de los hombres,
y a mí me yergue de ímpetu sólo el decir tu nombre;
porque yo de ti vengo he quebrado al Destino.

Después de ti, tan sólo me traspasó los huesos
con su ancho alarido, el sumo Florentino.
A su voz todavía como un junco me inclino;
por su rojez de infierno fantástica atravieso.

Y para refrescar en musgos con rocío
la boca, requemada en las llamas dantescas,
busqué las Florecillas de Asís, las siempre frescas
¡y en esas felpas dulces se quedó el pecho mío!

Yo vi a Francisco, a Aquel fino como las rosas,
pasar por su campiña más leve que un aliento,
besando el lirio abierto y el pecho purulento,
por besar al Señor que duerme entre las cosas.

MEUS LIVROS

(Leitura na Biblioteca Mexicana Gabriela Mistral)

Livros, calados livros nos armários,
vivos em silêncio, ardentes em calma;
livros, os que consolam, veludos da alma,
e que sendo tão tristes nos tiram do calvário!

Minhas mãos no dia de afãs se renderam;
Mas chegada a noite as procuraram, amantes
no orifício do muro onde, como semblantes,
me espiam confrontando-me aqueles que viveram.

Bíblia, minha nobre Bíblia, panorama estupendo,
onde meus olhos repousaram fartamente,
tens sobre os Salmos as lavas ardentes
e no teu rio de fogo meu coração incandescendo!

Sustentaste meus iguais com teu robusto vinho
e os ergueste firmes nos reinos do homem,
e a mim me ergue de ímpeto só de dizer teu nome;
porque eu de ti venho e fui quebrando o Caminho.

Depois de ti, tão só me traspassou os ossos
com amplos alaridos, o sumo Florentino.
Por tua voz ainda feito um junco me inclino;
e na rubescência fantástica dos teus infernos roço.

E para refrescar em musgos com sereno
a boca, incinerada em chamas dantescas,
procurei as Flores de Assis, sempre frescas
e nesses velos doces o peito amorteci ameno!

Eu vi Francisco, Aquele que é fino como a floração,
passar por sua campina mais leve que um alento,
beijando o lírio aberto e o peito purulento,
como se beijasse o Senhor que dorme entre a criação.

¡Poema de Mistral, olor a surco abierto
que huele en las mañanas, yo te aspiré embriagada!
Vi a Mireya exprimir la fruta ensangrentada
del amor y correr por el atroz desierto.

Te recuerdo también, deshecha de dulzuras,
verso de Amado Nervo, con pecho de paloma,
que me hiciste más suave la línea de la loma,
cuando yo te leía en mis mañanas puras.

Nobles libros antiguos, de hojas amarillentas,
sois labios no rendidos de endulzar a los tristes,
sois la vieja amargura que nuevo manto viste:
¡desde Job hasta Kempis la misma voz doliente!

Los que cual Cristo hicieron la Vía-Dolorosa,
apretaron el verso contra su roja herida,
y es lienzo de Verónica la estrofa dolorida;
¡todo libro es purpúreo como sangrienta rosa!

¡Os amo, os amo, bocas de los poetas idos,
que deshechas en polvo me seguís consolando,
y que al llegar la noche estáis conmigo hablando,
junto a la dulce lámpara, con dulzor de gemidos!

De la página abierta aparto la mirada
¡oh muertos! y mi ensueño va tejiéndoos semblantes:
las pupilas febriles, los labios anhelantes
que lentos se deshacen en la tierra apretada.

Poema de Mistral, aroma a sulco aberto
que perfuma nas manhãs, eu te aspirei embriagada!
Vi Mireya* espremer a fruta ensanguentada
do amor e correr pelo atroz deserto.

Te recordo também, emanando doçuras,
verso de Amado Nervo**, com peito de pomba,
e me tornaste mais suave a linha da lomba,
quando eu te lia nas minhas manhãs puras.

Nobres livros antigos, de folhas amareladas,
sois lábios não vencidos em acalmar os tristes,
sois a velha amargura que novos panos veste:
desde Jó até Kempis a mesma voz embargada!

Aqueles que qual Cristo fizeram a Via-Dolorosa,
esfregaram o verso contra a rúbea ferida,
tornando lenço de Verônica a estrofe dolorida;
todo livro é purpúreo como a sangrenta rosa!

Eu os amo, os amo, bocas de poetas idos,
que emanam pó e seguem me consolando,
e que ao chegar da noite permanecem comigo conversando,
junto à doce lâmpada, com a doçura dos gemidos!

Da página aberta aparto a mirada
oh mortos!, e meu sonho vai tecendo semblantes:
as pupilas febris, os lábios demandantes
que lentos se desfazem na terra apertada.

---

* A referência ao nome Mireya remonta ao poema "Mirèio" (1859) de Frederic Mistral. (N. T.)

** Diplomata, romancista e poeta mexicano. Os poemários *Pérolas negras* (1898) e *Místicas* (1898) foram referências no que se entende por modernismo hispano-americano (não aquilo que no Brasil entendemos por vanguardas, e sim a época do simbolismo de final de século). (N. T.)

LA SOMBRA INQUIETA

I

Flor, flor de la raza mía, Sombra Inquieta,
¡qué dulce y terrible tu evocación!
El perfil de éxtasis, llama la silueta,
las sienes de nardo, l'habla de canción.

Cabellera luenga de cálido manto,
pupilas de ruego, pecho vibrador;
ojos hondos para albergar más llanto;
pecho fino donde taladrar mejor.

Por suave, por alta, por bella, ¡precita!
fatal siete veces; fatal, ¡pobrecita!,
por la honda mirada y el hondo pensar.

¡Ay! quien te condene, vea tu belleza,
mire el mundo amargo, mida tu tristeza,
¡y en rubor cubierto rompa a sollozar!

II

¡Cuánto río y fuente de cuenca colmada,
cuánta generosa y fresca merced
de aguas, para nuestra boca socarrada!
¡Y el alma, la huérfana, muriendo de sed!

Jadeante de sed, loca de infinito,
muerta de amargura, la tuya, en clamor,
dijo su ansia inmensa por plegaria y grito:
¡Agar desde el vasto yermo abrasador!

A SOMBRA INQUIETA

I

Flor, flor da minha raça, Sombra Inquieta,
quão doce e terrível tua evocação!
O perfil de êxtase, chama a silhueta,
as têmporas de nardo, o idioma de canção.

Cabeleira longa de cálido manto,
pupilas de rogo, peito de dó;
olhos fundos para abrigar mais pranto;
peito fino onde se perfura melhor.

Por ser suave, alta, tão bela, precezinha!
fatal sete vezes; fatal, pobrezinha!,
por tua funda encarada e teu fundo pensar.

Ai!, quem te condene, veja tua beleza,
mire o mundo amargo, meça tua tristeza,
e em rubor encoberto desata a soluçar!

II

Quanto rio e fonte de vertedouro desbordada,
quanta generosa e fresca serventia
de águas, para nossa boca esturricada!
E a alma, a órfã, morrendo vazia!

Ofegante de sede, louca de infinito,
morta de amargura a tua em clamor,
disse teu desejo imenso por pregação e grito:
Ágar no vasto deserto abrasador!

Y para abrevarte largo, largo, largo,
Cristo dio a tu cuerpo silencio y letargo,
y lo apegó a su ancho caño saciador...

El que en maldecir tu duda se apure,
que puesta la mano sobre el pecho jure:
"Mi fe no conoce zozobra, Señor".

III

Y ahora que su planta no quiebra la grama
de nuestros senderos, y en el caminar
notamos que falta, tremolante llama,
su forma, pintando de luz el solar,

cuantos la quisimos abajo, apeguemos
la boca a la tierra, y a su corazón,
vaso de cenizas dulces, musitemos
esta formidable interrogación:

¿Hay arriba tanta leche azul de lunas,
tanta luz gloriosa de blondos estíos,
tanta insigne y honda virtud de ablución

que limpien, que laven, que albeen las brunas
manos que sangraron con garfios y en ríos,
¡oh, Muerta! la carne de tu corazón?*

---

* Esta poesía es un comentario de un libro que, con ese título, escribió el fino prosista chileno Alone. El personaje principal es una artista que pasó dolorosamente por la vida.

E para te abeberar demais, demais, demais,
Cristo deu a teu corpo silêncio e paz,
e o acolheu no seu amplo cântaro amparador...

Quem em maldizer tua dúvida se apure,
que com a mão sobre o peito jure:
"Minha fé, Senhor, não conhece dissabor".

III

E agora que vossa planta não quebra a grama
de nossas veredas, e no caminhar
notamos que falta, trêmula chama,
vossa forma, pintando de luz o solar,

quantos a quisemos aqui em baixo, apeguemos
a boca na terra, e no vosso coração,
copos de cinzas doces, murmurejemos
esta formidável interrogação:

Haverá aí em cima tanto leite azul de Dianas,
tanta lunação gloriosa de áureos estios,
tanta insigne e funda virtude de ablução

que limpem, que lavem, que areiem as lamas
das mãos que sangraram com garfos e rios,
oh, Morta!, a carne do teu coração?*

---

* Esta poesia é um comentário de um livro que, com esse título, escreveu o fino prosador chileno Alone. A personagem principal é uma artista que passou dolorosamente pela vida. (N. O.)

LA MAESTRA RURAL

A Federico de Onís

La maestra era pura. "Los suaves hortelanos",
decía, "de este predio, que es predio de Jesús,
han de conservar puros los ojos y las manos,
guardar claros sus óleos, para dar clara luz".

La maestra era pobre. Su reino no es humano.
(Así en el doloroso sembrador de Israel).
Vestía sayas pardas, no enjoyaba su mano
¡y era todo su espíritu un inmenso joyel!

La maestra era alegre. ¡Pobre mujer herida!
Su sonrisa fue un modo de llorar con bondad.
Por sobre la sandalia rota y enrojecida,
era ella la insigne flor de su santidad.

¡Dulce ser! En su río de mieles, caudaloso,
largamente abrevaba sus tigres el dolor.
Los hierros que le abrieron el pecho generoso
¡más anchas le dejaron las cuencas del amor!

¡Oh, labriego, cuyo hijo de su labio aprendía
el himno y la plegaria, nunca viste el fulgor
del lucero cautivo que en sus carnes ardía:
pasaste sin besar su corazón en flor!

Campesina, ¿recuerdas que alguna vez prendiste
su nombre a un comentario brutal o baladí?
Cien veces la miraste, ninguna vez la viste
¡y en el solar de tu hijo, de ella hay más que de ti!

A PROFESSORA RURAL

Para Federico de Onís

A professora era pura. "Os suaves hortelãos",
dizia, "desta lavoura, que é lavra de Jesus,
hão de conservar puros os olhos e as mãos,
guardar claros seus óleos, para dar clara luz".

A professora era pobre. Seu reino, um místico rincão.
(Feita o doloroso semeador de Israel).
Vestia saias pardas, não adornava sua mão
E era todo seu espírito um imenso laurel!

A professora era alegre. Pobre mulher ferida!
Seu sorriso foi um modo de chorar com bondade.
Acima da sandália rota e encardida,
era ela a insigne flor de sua santidade.

Doce ser! Em seu rio melífluo, caudaloso,
fartamente abrevava seus tigres a dor.
Os ferros que lhe abriram o peito generoso
mais amplas lhe deixaram as bacias do amor!

Oh!, labrego, cujo filho de seu lábio aprendia
o hino e a litania, nunca viste o fulgor
do cometa cativo que em suas carnes ardia:
passaste sem beijar seu coração em flor!

Lavradora, recordas que certa vez ataste
dela o nome a um comentário cruel ou trivial?
Cem vezes a procuraste, nenhuma vez a viste
e no solar do teu filho, eis ela agora mais umbilical.

Pasó por él su fina, su delicada esteva,
abriendo surcos donde alojar perfección.
La albada de virtudes de que lento se nieva
es suya. Campesina, ¿no le pides perdón?

Daba sombra por una selva su encina hendida
el día en que la muerte la convidó a partir.
Pensando en que su madre la esperaba dormida,
a La de Ojos Profundos se dio sin resistir.

Y en su Dios se ha dormido, como en cojín de luna;
almohada de sus sienes, una constelación;
canta el Padre para ella sus canciones de cuna
¡y la paz llueve largo sobre su corazón!

Como un henchido vaso, traía el alma hecha
para dar ambrosía de toda eternidad;
y era su vida humana la dilatada brecha
que suele abrirse el Padre para echar claridad.

Por eso aún el polvo de sus huesos sustenta
púrpura de rosales de violento llamear.
¡Y el cuidador de tumbas, como aroma, me cuenta,
las plantas del que huella sus huesos, al pasar!

Passou por ele sua fina, sua delicada esteva,
abrindo sulcos onde alojar perfeição.
A alvorada de virtudes de que lento se eneva
é dela. Lavradora, não lhe pedes perdão?

Dava sombra por uma selva sua azinheira fendida
no dia em que a morte a convidou a partir.
Pensando que sua mãe a esperava adormecida,
Àquela Dos Olhos Profundos se deu sem resistir.

E em seu Deus ela dormiu, feito em travesseiro lunar;
almofada de suas têmporas, uma constelação;
canta o Pai para ela suas canções de ninar
e a paz chove farta sobre seu coração!

Como um preenchido copo, fazia da alma flecha
para deitar ambrosias de toda eternidade;
e era sua vida humana a dilatada brecha
que habitua abrir o Pai emanando claridade.

Por isso ainda o pó de seus ossos sustenta
roseiras rúbeas de violento flamejar.
E o guardião de tumbas, como aroma, comigo lamenta,
as plantas de quem aspire seus ossos, ao passar!

DIOS LO QUIERE

I

La tierra se hace madrastra
si tu alma vende a mi alma.
Llevan un escalofrío
de tribulación las aguas.
El mundo fue más hermoso
desde que me hiciste aliada,
cuando junto de un espino
nos quedamos sin palabras,
¡y el amor como el espino
nos traspasó de fragancia!

Pero te va a brotar víboras
la tierra si vendes mi alma;
baldías del hijo, rompo
mis rodillas desoladas.
Se apaga Cristo en mi pecho
¡y la puerta de mi casa
quiebra la mano al mendigo
y avienta a la atribulada!

II

Beso que tu boca entregue
a mis oídos alcanza,
porque las grutas profundas
me devuelven tus palabras.
El polvo de los senderos
guarda el olor de tus plantas
y oteándolas como un ciervo,
te sigo por las montañas...

DEUS QUEIRA

I

A terra se faz madrasta
se tua alma vende minha alma.
Levam as águas
um calafrio de tribulação.
O mundo foi mais belo
desde que me fizeste aliada,
quando junto de um espinho
ficamos sem palavras,
e o amor feito o espinho
nos traspassou de fragrância!

Mas se vendes minha alma
sobre ti a terra ramificará víboras;
salgações do filho, desgraço
meus joelhos desolados.
Cristo se apaga no meu peito
e a porta da minha casa
destroça a mão do mendigo
e arrasa a atribulada!

II

Beijo que tua boca entregue
aos meus olvidos alcança,
porque as grutas profundas
me devolvem tuas palavras.
A poeira das veredas
guarda o aroma das tuas plantas
e espreitando-as como um cervo,
te sigo pelas montanhas...

A la que tú ames, las nubes
la pintan sobre mi casa.
Ve cual ladrón a besarla
de la tierra en las entrañas;
que, cuando el rostro le alces,
hallas mi cara con lágrimas.

III

Dios no quiere que tú tengas
sol si conmigo no marchas;
Dios no quiere que tú bebas
si yo no tiemblo en tu agua;
no consiente que tú duermas
sino en mi trenza ahuecada.

IV

Si te vas, hasta en los musgos
del camino rompes mi alma;
te muerden la sed y el hambre
en todo monte o llanada
y en cualquier país las tardes
con sangre serán mis llagas.
Y destilo de tu lengua
aunque a otra mujer llamaras,
y me clavo como un dejo
de salmuera en tu garganta;
y odies, o cantes, o ansíes,
¡por mí solamente clamas!

V

Si te vas y mueres lejos,
tendrás la mano ahuecada
diez años bajo la tierra
para recibir mis lágrimas, ›

Aquela a quem ames, as nuvens
a pintam sobre minha casa.
Vai qual ladrão a beijá-la
da terra nas entranhas;
que, quando soergas seu rosto,
aches minha cara com lágrimas.

III

Deus não queira que tu tenhas
sol se comigo não caminhas;
Deus não queira que tu bebas
se eu não tremer na tua água;
não consinta que tu durmas
senão em minha trança perfurada.

IV

Se te vais, até nos musgos
do caminho desgraças minha alma;
que te mordam a sede e a fome
em toda serra ou várzea
e as tardes em qualquer país
com sangue serão minhas chagas.
E destilo da tua língua
mesmo quando a outra mulher chamares,
e me cravo como uma pitada
de salmoura na tua garganta;
e odeies, ou cantes, ou anseies,
por mi – e apenas por mim – clamas!

V

Se te vais e morres longe,
terás a mão perfurada
dez anos debaixo da terra
para receber minhas lágrimas, >

sintiendo cómo te tiemblan
las carnes atribuladas,
¡hasta que te espolvoreen
mis huesos sobre la cara!

sentindo como te tremem
as carnes atribuladas,
até que meus ossos
salpiquem sobre tua cara!

LOS SONETOS DE LA MUERTE

I

Del nicho helado en que los hombres te pusieron,
te bajaré a la tierra humilde y soleada.
Que he de dormirme en ella los hombres no supieron,
y que hemos de soñar sobre la misma almohada.

Te acostaré en la tierra soleada con una
dulcedumbre de madre para el hijo dormido,
y la tierra ha de hacerse suavidades de cuna
al recibir tu cuerpo de niño dolorido.

Luego iré espolvoreando tierra y polvo de rosas,
y en la azulada y leve polvareda de luna,
los despojos livianos irán quedando presos.

Me alejaré cantando mis venganzas hermosas,
¡porque a ese hondor recóndito la mano de ninguna
bajará a disputarme tu puñado de huesos!

II

Este largo cansancio se hará mayor un día,
y el alma dirá al cuerpo que no quiere seguir
arrastrando su masa por la rosada vía,
por donde van los hombres, contentos de vivir...

Sentirás que a tu lado cavan briosamente,
que otra dormida llega a la quieta ciudad.
Esperaré que me hayan cubierto totalmente...
¡y después hablaremos por una eternidad!

SONETOS DA MORTE

I

Do nicho frio em que os homens te puseram,
te baixarei à terra humilde e ensolarada.
Que hei de adormecer-me nela os homens não souberam,
e que passaremos a sonhar sobre a mesma almofada.

Te deitarei na terra ensolarada com uma
candura de mãe para o filho adormecido,
e a terra não há de te dar aspereza alguma
ao receber teu corpo de menino dolorido.

Depois irei dispersando terra e pó de rosas,
e na azulada e leve poeira que da lua se faz una,
os despojos aéreos irão ficando atados.

Me distanciarei cantando vinganças esplendorosas,
porque a esse abismo recôndito mão nenhuma
baixará a apanhar-me teus ossos disputados!

II

Este longo cansaço se fará maior um dia,
e a alma dirá ao corpo que não quer seguir
arrastando sua massa pela rosada via,
por onde vão os homens, contentes de existir...

Sentirás que a teu lado cavam briosamente,
que outra adormecida chega à quieta cidade.
Esperarei até que tenham me coberto totalmente...
e depois conversaremos por uma eternidade!

Sólo entonces sabrás el porqué, no madura
para las hondas huesas tu carne todavía,
tuviste que bajar, sin fatiga, a dormir.

Se hará luz en la zona de los sinos, oscura;
sabrás que en nuestra alianza signo de astros había
y, roto el pacto enorme, tenías que morir...

III

Malas manos tomaron tu vida desde el día
en que, a una señal de astros, dejara su plantel
nevado de azucenas. En gozo florecía.
Malas manos entraron trágicamente en él...

Y yo dije al Señor: "Por las sendas mortales
le llevan. ¡Sombra amada que no saben guiar!
¡Arráncalo, Señor, a esas manos fatales
o le hundes en el largo sueño que sabes dar!

¡No le puedo gritar, no le puedo seguir!
Su barca empuja un negro viento de tempestad.
Retórnalo a mis brazos o le siegas en flor".

Se detuvo la barca rosa de su vivir...
¿Que no sé del amor, que no tuve piedad?
¡Tú, que vas a juzgarme, lo comprendes, Señor!

Só então saberás o porquê, não madura
para as fundas covas tua carne resistia,
tiveste de baixar, sem fadiga, a dormir.

A luz se fará na zona dos destinos, obscura;
saberás que em nossa aliança signo de astros regia
e, roto o pacto enorme, tinhas que partir...

III

Mãos madrastas tomaram tua vida desde o dia
em que, ao sinal dos astros, deixara seu panteão
nevado de açucenas. Em deleite florescia.
E dele se ocuparam aquelas madrastas mãos...

Eu disse ao Senhor: "Pelas sendas mortais
o levam. Sombra amada que não sabem guiar!
Arranca-o, Senhor, destas mãos fatais
ou o afundas no longo sonho que sabes dar!

Por ele não posso gritar, por ele e não posso seguir!
Sua barca é levada por um negro vento de tempestade.
Devolve-o a meus braços ou o aparas em flor".

Foi detida a barca rosa de seu existir...
Que não sei do amor, não tive piedade?
Tu, que vais a julgar-me, compreendes, Senhor!

POEMA DEL HIJO

A Alfonsina Storni

I

¡Un hijo, un hijo, un hijo! Yo quise un hijo tuyo
y mío, allá en los días del éxtasis ardiente,
en los que hasta mis huesos temblaron de tu arrullo
y un ancho resplandor creció sobre mi frente.

Decía: ¡un hijo!, como el árbol conmovido
de primavera alarga sus yemas hacia el cielo.
¡Un hijo con los ojos de Cristo engrandecidos,
la frente de estupor y los labios de anhelo!

Sus brazos en guirnalda a mi cuello trenzados;
el río de mi vida bajando a él, fecundo,
y mis entrañas como perfume derramado
ungiendo con su marcha las colinas del mundo.

Al cruzar una madre grávida, la miramos
con los labios convulsos y los ojos de ruego,
cuando en las multitudes con nuestro amor pasamos.
¡Y un niño de ojos dulces nos dejó como ciegos!

En las noches, insomne de dicha y de visiones,
la lujuria de fuego no descendió a mi lecho.
Para el que nacería vestido de canciones
yo extendía mi brazo, yo ahuecaba mi pecho...

El sol no parecíame, para bañarlo, intenso;
mirándome, yo odiaba, por toscas, mis rodillas;
mi corazón confuso, temblaba al don inmenso;
¡y un llanto de humildad regaba mis mejillas!

POEMA DO FILHO

Para Alfonsina Storni

I

Um filho, um filho, um filho! Eu quis um filho teu
e de mim, lá nos dias de êxtase ardente,
quando até minha espinha por teus sussurros gemeu
e um amplo resplendor avultou sobre minha frente.

Dizia: um filho! Feito um arbusto comovido
pela primavera e levando suas gemas até o céu.
Um filho com os olhos de Cristo engrandecidos,
o rosto de estupor e os lábios de mel!

Seus braços em guirlanda ao meu pescoço trançados;
o rio da minha vida a ele baixando, fecundo,
e minhas entranhas como perfume derramado
ungindo com sua marcha as colinas do mundo.

Ao passar por uma mãe grávida, a olhamos
com os lábios convulsos e os olhos de oração,
quando pelas multidões com nosso amor cruzamos.
E um menino de olhos doces nos privou da visão!

Nas noites, insone de fortuna e ilusões,
a luxúria de fogo não veio ao meu leito.
Para aquele que nasceria vestido de canções
eu estendia meu braço, eu espaçava meu peito...

O sol não me parecia, para banhá-lo, intenso;
vendo-me, odiava minhas rótulas, por desajeitadas;
meu coração confuso, tremia ao dom imenso;
e um pranto de humildade regava minhas encaradas!

Y no temí a la muerte, disgregadora impura;
los ojos de él libraran los tuyos de la nada,
y a la mañana espléndida o a la luz insegura
yo hubiera caminado bajo de esa mirada...

II

Ahora tengo treinta años, y en mis sienes jaspea
la ceniza precoz de la muerte. En mis días,
como la lluvia eterna de los polos, gotea
la amargura con lágrimas lentas, salobre y fría.

Mientras arde la llama del pino, sosegada,
mirando a mis entrañas pienso qué hubiera sido
un hijo mío, infante con mi boca cansada,
mi amargo corazón y mi voz de vencido.

Y con tu corazón, el fruto de veneno,
y tus labios que hubieran otra vez renegado.
Cuarenta lunas él no durmiera en mi seno,
que sólo por ser tuyo me hubiese abandonado.

Y en qué huertas en flor, junto a qué aguas corrientes
lavara, en primavera, su sangre de mi pena,
si fui triste en las landas y en las tierras clementes,
y en toda tarde mística hablaría en sus venas.

Y el horror de que un día con la boca quemante
del rencor, me dijera lo que dije a mi padre:
"¿Por qué ha sido fecunda tu carne sollozante
y se henchieron de néctar los pechos de mi madre?".

Siento el amargo goce de que duermas abajo
en tu lecho de tierra, y un hijo no meciera
mi mano, por dormir yo también sin trabajos
y sin remordimientos, bajo una zarza fiera.

E não temi a morte, desagregadora impura;
os olhos dele livraram os teus do nada,
e na manhã esplêndida ou sob luz insegura
tivesse eu caminhado debaixo dessa mirada...

II

Agora tenho trinta anos, e nas minhas têmporas jaspeia
a cinza precoce da morte. Em meus dias,
como a chuva eterna dos polos, goteia
a amargura com lágrimas lentas, salobras e frias.

Enquanto arde a chama do pinho, sossegada,
olhando minhas entranhas penso que poderia ter sido
um filho meu, infantil com a boca cansada,
meu amargo coração e minha voz de vencido.

E com teu coração, um fruto daninho,
e teus lábios que teriam outra vez renegado.
Quarenta luas ele não dormira no meu ninho,
que só por ser teu me teria abandonado.

E em que hortos em flor, junto a que águas correntes
lavara, na primavera, o sangue da minha desolação,
se fui triste nas landas e nas terras clementes,
e em toda tarde mística falaria em tua sangração.

E o horror de que um dia como a boca afogueada
de rancor, me dissera o que disse ao pai meu:
"Por que foi fecunda tua carne desgraçada
e de néctar os peitos de minha mãe encheu?"

Sinto o gozo amargo de que abaixo no teu leito
de terra adormeças, e não embalara um filho
minha mão, por dormir também eu sem feitos
e sem remorsos, sob uma relva de rastilhos.

Porque yo no cerrara los párpados, y loca
escuchase a través de la muerte, y me hincara,
deshechas las rodillas, retorcida la boca,
si lo viera pasar con mi fiebre en su cara.

Y la tregua de Dios a mí no descendiera:
en la carne inocente me hirieran los malvados,
y por la eternidad mis venas exprimieran
sobre mis hijos de ojos y de frente extasiados.

¡Bendito pecho mío en que a mis gentes hundo
y bendito mi vientre en que mi raza muere!
¡La cara de mi madre ya no irá por el mundo
ni su voz sobre el viento, trocada en miserere!

La selva hecha cenizas retoñará cien veces
y caerá cien veces, bajo el hacha, madura.
Caeré para no alzarme en el mes de las mieses;
conmigo entran los míos a la noche que dura.

Y como si pagara la deuda de una raza,
taladran los dolores mi pecho cual colmena.
Vivo una vida entera en cada hora que pasa;
como el río hacia el mar, van amargas mis venas.

Mis pobres muertos miran el sol y los ponientes
con un ansia tremenda, porque ya en mí se ciegan.
Se me cansan los labios de las preces fervientes
que antes que yo enmudezca por mi canción entregan.

No sembré por mi troje, no enseñé para hacerme
un brazo con amor para la hora postrera,
cuando mi cuello roto no pueda sostenerme
y mi mano tantee la sábana ligera.

Porque eu não cerrara as pálpebras, e louca
escutasse através da morte, e me fincara,
curvados os joelhos, retorcida a boca,
se o viesse passar com minha febre na tua cara.

E a trégua de Deus por mim não veio:
na carne inocente me feriram os degenerados,
e pela eternidade espremeram meus seios
sobre meus filhos de olhos e de tez extasiados.

Bendito meu peito em que minha gente afundo
e bendito meu ventre em que minha raça morre!
A cara da minha mãe não seguirá pelo mundo
nem sua voz sobre o vento, miserável incorre!

A selva em cinzas feita retornará cem vezes
e cairá cem vezes, sob a foice, madura.
Cairei para não erguer-me no cio dos meses;
comigo passam os meus a uma noite que dura.

E como se pagara a dívida de uma raça,
perfuram meu peito dores qual colmeia.
Vivo uma vida inteira em cada hora que passa;
feito o rio rumo ao mar, fluem amargas minhas veias.

Meus pobres mortos espiam o sol e os poentes
com uma ânsia tremenda, porque já em mim se cegam.
Meus lábios se cansam das preces ferventes
que antes que eu emudeça por mim canção entregam.

Não semeei por meu silo, não ensinei para fazer-me
um braço com amor para a hora derradeira,
quando meu pescoço roto não possa sustentar-me
e minha mão tateie a mortalha passageira.

Apacenté los hijos ajenos, colmé el troje
con los trigos divinos, y sólo de Ti espero,
¡Padre Nuestro que estás en los cielos!, recoge
mi cabeza mendiga, si en esta noche muero.

Pastoreei os filhos alheios, enchi o silo
com os divinos trigos, e só a Ti recorro:
Pai Nosso que estais no céu!, dai asilo
a minha cabeça mendiga, se nesta noite morro.

CANCIONES EN EL MAR

I

EL BARCO MISERICORDIOSO

Llévame, mar, sobre ti, dulcemente,
porque voy dolorida.
¡Ay!, barco, no te tiemblen los costados,
que llevas a una herida.

Buscando voy en tu oleaje vivo
dulzura de rodillas.
Mírame, mar, y sabe lo que llevas,
mirando a mis mejillas.

Entre la carga de los rojos frutos,
entre tus jarcias vividas
y los viajeros llenos de esperanza,
llevas mi carne lívida.

Más allá volarás con sólo frutos,
y velas desceñidas.
Pero entre tanto, mar, sobre este puente
mecerás a la herida.

II

CANCIÓN DE LOS QUE BUSCAN OLVIDAR

Al costado de la barca
mi corazón he apegado,
al costado de la barca,
de espumas ribeteado.

CANÇÕES NO MAR

I

O BARCO MISERICORDIOSO

Leva-me, mar, sobre ti, docemente,
porque vou dolorida.
Ai!, barco, não tremas teus costados,
pois levas uma ferida.

De joelho vou buscando
doçuras na tua maré viva.
Mira-me, mar, e sabe ao que levas,
fitando a minha face.

Entre a carga dos rúbeos frutos,
entre tuas cordoalhas vívidas
e os viajantes cheios de esperança,
levas minha carne lívida.

Mar adentro voarás apenas com frutos,
e velas decaídas.
Mas, enquanto isso, mar, sobre esta ponte
serenarás a ferida.

II

CANÇÃO DOS QUE TENTAM ESQUECER

Ao costado da barca
meu coração apegado,
ao costado da barca,
de espumas rendado.

Lávalo, mar, con sal eterna;
lávalo, mar, lávalo mar;
que la Tierra es para la lucha
y tú eres para consolar.

En la proa poderosa
mi corazón he clavado.
Mírate barca, que llevas
el vértice ensangrentado.

Lávalo, mar, con sal tremenda,
lávalo, mar; lávalo, mar.
O me lo rompes en la proa
que no lo quiero más llevar.

Sobre la nave toda puse
mi vida como derramada.
Múdala, mar, en los cien días,
que ella será tu desposada.

Múdala, mar, con tus cien vientos.
Lávala, mar; lávala, mar;
que otros te piden oro y perlas,
¡y yo te pido el olvidar!

III

CANCIÓN DEL HOMBRE DE PROA

El hombre sentado a la proa,
el hombre con faz de ansiedad,
¡que ardiente navega hacia el Norte:
sus ojos se agrandan de afán!

Lava-o, mar, com sal eterno;
lava-o, mar; lava-o mar;
que a Terra é para a luta
e tu és para consolar.

Na proa poderosa
meu coração está incrustrado.
Atenção, barca, que tens
o vértice ensanguentado.

Lava-o, mar, com todo teu sal,
lava-o, mar; lava-o, mar.
Ou o destroças na proa
que não o quero mais levar.

Sobre a nave toda pus
minha vida como derramada.
Transmuta-a, mar, nos cem dias,
que ela será tua enamorada.

Transmuta-a, mar, com teus cem ventos.
Lava, mar; lava, mar;
que outros te pedem ouro e pérolas,
e eu te peço esquecimentos!

III

CANÇÃO DO HOMEM DA PROA

O homem sentando na proa,
O homem com semblante de anseio,
quão ardente navega rumo ao Norte:
seus olhos se agigantam de afã!

Los rostros que yo amo, los míos,
quedaron atrás,
y mi alma los teje, los borda
encima del mar.

El hombre que piensa en la proa
padece de ansiar.
¡Qué lento que avanza su barco
y vuela fugaz!

Y mi alma quisiera la marcha
tremenda quebrar,
¡que todos los rostros que amo
se quedan atrás!

Al hombre que sufre en la proa,
el viento del mar
le anticipa los besos que espera,
y arde de ansiedad.

Pero el viento del Norte,
¡qué beso pondría en mi faz,
si los rostros que amo
quedaron atrás!

El viajero de proa me dice:
"¿Qué vas a buscar,
si en la tierra no espera la dicha?".
¡No sé contestar!

Me llamaba en mis costas inmensas
la lengua del mar,
y en mitad de la mar voy llorando,
caída la faz!

Os rostos que eu amo, os meus,
ficaram para trás,
e minha alma os tece, bordando-os
encima do mar.

O homem que pensa na proa
padece de ansiar.
Quão lento avança seu barco
e voa fugaz!

E minha alma quisera a marcha
violenta quebrar:
todos os rostos que amo
ficaram para trás!

Ao homem que sofre na proa,
o vento do mar
lhe antecipa os beijos que espera,
e arde de ansiedade.

Mas o vento do Norte,
que beijo poria na minha face,
se os rostos que amo
ficaram para trás!

O viajante da proa me diz:
"Que vais a buscar
se na terra não nos espera fortuna?"
Não sei o que falar!

Me chamava em minhas costas imensas
a língua do mar,
e em meio ao mar vou chorando,
a face decaída jaz.

PAISAJES DE LA PATAGONIA

I

DESOLACIÓN

La bruma espesa, eterna, para que olvide dónde
me ha arrojado la mar en su ola cae salmuera.
La tierra a la que vine no tiene primavera:
tiene su noche larga que cual madre me esconde.

El viento hace a mi casa su ronda de sollozos
y de alarido, y quiebra, como un cristal, mi grito.
Y en la llanura blanca, de horizonte infinito,
miro morir inmensos ocasos dolorosos.

¿A quién podrá llamar la que hasta aquí ha venido
si más lejos que ella sólo fueron los muertos?
¡Tan sólo ellos contemplan un mar callado y yerto
crecer entre sus brazos y los brazos queridos!

Los barcos cuyas velas blanquean en el puerto
vienen de tierras donde no están los que son míos;
sus hombres de ojos claros no conocen mis ríos
y traen frutos pálidos, sin la luz de mis huertos.

Y la interrogación que sube a mi garganta
al mirarlos pasar, me desciende, vencida:
hablan extrañas lenguas y no la conmovida
lengua que en tierras de oro mi vieja madre canta.

Miro bajar la nieve como el polvo en la huesa;
miro crecer la niebla como el agonizante,
y por no enloquecer no cuento los instantes,
porque la noche larga ahora tan sólo empieza.

PAISAGENS DA PATAGÔNIA

I

DESOLAÇÃO

A bruma espessa, eterna, para que esqueça aonde
o mar em sua onda de sal me remetera.
A terra aonde vim não tem primavera:
tem uma noite longa que qual mãe me esconde.

O vento faz pela minha casa suas voltas queixosas
e de uivos, e quebra, feito um cristal, meu grito.
E na planície branca, de horizonte infinito,
vejo morrer imensas tardes dolorosas.

Por quem poderá clamar aquela que até aqui veio
se mais longe que ela só avançaram os mortos?
Tão só eles contemplam um mar calado e hirto
crescer entre seus braços e os braços do anseio!

Os barcos cujos velames quaram no porto
vêm de terras onde não está a gente em que me fio;
seus homens de olhos claros não conhecem meus rios
e trazem frutos pálidos, sem a luz dos meus hortos.

E a interrogação que sobe pela minha garganta
ao encará-los passar, me deprime, vencida:
falam estranhos idiomas e não a comovida
língua que em terra de ouro minha velha mãe canta.

Espio a neve baixar feito a poeira na sepultura;
espio a neve crescer feito o agonizante,
e para não enlouquecer não conto os instantes,
porque o manto da noite ao dia já veio dar sutura.

Miro el llano extasiado y recojo su duelo,
que vine para ver los paisajes mortales.
La nieve es el semblante que asoma a mis cristales:
¡siempre será su albura bajando de los cielos!

Siempre ella, silenciosa, como la gran mirada
de Dios sobre mí; siempre su azahar sobre mi casa;
siempre, como el Destino que ni mengua ni pasa,
descenderá a cubrirme, terrible y extasiada.

II

ÁRBOL MUERTO

A Alberto Guillén

En el medio del llano,
un árbol seco su blasfemia alarga;
un árbol blanco, roto
y mordido de llagas,
en el que el viento, vuelto
mi desesperación, aúlla y pasa.

De su bosque el que ardió sólo dejaron
de escarnio, su fantasma.
Una llama alcanzó hasta su costado
y lo lamió, como el amor mi alma.
¡Y sube de la herida un purpurino
musgo, como una estrofa ensangrentada!

Los que amó, y que ceñían
a su torno en septiembre una guirnalda,
cayeron. Sus raíces
los buscan, torturadas,
tanteando por el césped
con una angustia humana...

Espio o vale extasiado e acolho seu sofrimento,
pois vim para ver as paisagens mortais.
A neve é o semblante que desponta nos meus vitrais:
sempre será imaculada caindo do firmamento!

Sempre ela, silenciosa, como a grande velada
de Deus sobre mim; sempiterna laranjeira sobre minha casa;
sempre, como o Destino que nem míngua nem passa,
baixará para cobrir-me, terrível e extasiada.

II

ARBUSTO MORTO

Para Alberto Guillén

Em meio ao vale,
um arbusto seco sua blasfêmia alarga;
um arbusto branco, fendido
e ferido em chagas,
em que o vento, convertido
em meu desespero, uiva e passa.

De seu bosque o que ardeu deixaram,
por escárnio, seu fantasma.
Uma chama queimou até seu costado
e o lambeu, como o amor minha alma.
E soube da ferida um purpúreo
musgo, como uma estrofe ensanguentada!

Os que amou, e que cingiam
a seu entorno em setembro uma guirlanda,
caíram. Suas raízes
os procuram, torturadas,
tateando pela grama
com uma angústia humana...

Le dan los plenilunios en el llano
sus más mortales platas,
y alargan, por que mida su amargura,
hasta lejos su sombra desolada.
¡Y él le da al pasajero
su atroz blasfemia y su visión amarga!

III

TRES ÁRBOLES

Tres árboles caídos
quedaron a la orilla del sendero.
El leñador los olvidó, y conversan,
apretados de amor, como tres ciegos.

El sol de ocaso pone
su sangre viva en los hendidos leños
¡y se llevan los vientos la fragancia
de su costado abierto!

Uno, torcido, tiende
su brazo inmenso y de follaje trémulo
hacia otro, y sus heridas
como dos ojos son, llenos de ruego.

El leñador los olvidó. La noche
vendrá. Estaré con ellos.
Recibiré en mi corazón sus mansas
resinas. Me serán como de fuego.
Y mudos y ceñidos,
nos halle el día en un montón de duelo.

Dão os plenilúnios do vale
suas pratas mais mortais,
e alargam, para que meça sua amargura,
ao longe sua sombra desolada.
E ele brinda ao passageiro
sua atroz blasfêmia e sua visão amarga!

III

TRÊS ÁRVORES

Três árvores tombadas
restaram na beira do trecho.
O lenhador as esqueceu, e conversam,
apertadas de amor, feito três cegos.

O sol do ocaso depõe
seu sangue vivo nos fendidos lenhos
e se os ventos carregam a fragrância
de seu costado aberto!

Uma, retorcida, estende
seu braço imenso e de folhagem trêmula
à outra, e suas feridas
como dois olhos são, cheios de rogo.

O lenhador as esqueceu. A noite
virá. Estarei com elas.
Receberei em meu coração suas mansas
resinas. Serão para mim como o fogo.
E mudas e cingidas,
nos encontrará o dia em acúmulo de lutos.

LA MONTAÑA DE NOCHE

Haremos fuego sobre la montaña.
La noche que desciende, leñadores,
no echará al cielo ni su crencha de astros.
¡Haremos treinta fuegos brilladores!

Que la tarde quebró un vaso de sangre
sobre el ocaso, y es señal artera.
El espanto se sienta entre nosotros
si no hacéis corro en torno de la hoguera.

Semeja este fragor de cataratas
un incansable galopar de potros
por la montaña, y otro fragor sube
de los medrosos pechos de nosotros.

Dicen que los pinares en la noche
dejan su éxtasis negro, y a una extraña,
sigilosa señal, su muchedumbre
se mueve, tarda, sobre la montaña.

La esmaltadura de la nieve adquiere
en la tiniebla un arabesco avieso:
sobre el osario inmenso de la noche,
finge un bordado lívido de huesos.

E invisible avalancha de neveras
desciende, sin llegar, al valle inerme,
mientras vampiros de arrugadas alas
rozan el rostro del pastor que duerme.

Dicen que en las cimeras apretadas
de la próxima sierra hay alimañas
que el valle no conoce y que en la sombra,
como greñas, desprende la montaña.

A MONTANHA DE NOITE

Faremos fogos sobre a montanha.
A noite que cai, lenhadores,
não conduzirá ao céu nem sua marrafa de astros.
Faremos de trinta fogos resplendores!

Que a tarde haja quebrado um copo de sangria
sobre o ocaso, isso é previsão traiçoeira.
O espanto entre nós assentará à revelia
se não cantamos em coro em torno da fogueira.

Semelha esta troada de cataratas
um incansável galopar de cavalos
pela montanha, e outra troada sobe
de nossos peitos amedrontados.

Dizem que os pinheirais na noite
deixam seu êxtase negro, e para uma estranha,
sigiloso sinal, sua coorte
se move, atrasada, sobre a montanha.

O lustro da neve adquire
na treva um arabesco contrário:
sobre o cemitério imenso da noite,
finge um bordado de lívido ossário.

E invisível avalanche de nevadas
desce, sem chegar, ao vale inerme,
enquanto vampiros de asas enrugadas
roçam o rosto do pastor que dorme.

Dizem que nas cumeeiras estreitas
da próxima serra há musaranhas
que o vale desconhece e que à sombra,
feito maranhas, são expelidas pela montanha.

Me va ganando el corazón el frío
de la cumbre cercana. Pienso: "Acaso
los muertos que dejaron por impuras
las ciudades, elijan el regazo

recóndito de los desfiladeros
de tajo azul, que ningún alba baña,
¡y al espesar la noche sus betunes
como una mar invadan la montaña".

Tronchad los leños tercos y fragantes,
salvias y pinos chisporroteadores,
y apretad bien el corro en torno al fuego,
¡que hace frío y angustia, leñadores!

O frio do próximo cume vai ganhando
meu coração. Penso: "Por acaso
os mortos que deixaram por impuras
as cidades, elegem o regaço

recôndito dos desfiladeiros
de talho azul, que luz alguma banha,
e ao engrossar seus betumes
feito um mar invadem a montanha".

Talhem os lenhos teimosos e aromáticos,
sálvias e araucárias em resplendores,
e afilem bem o coro em torno do fogo
porque faz frio e angustia, lenhadores!

EL IXTLAZIHUATL

El Ixtlazihuatl mi mañana vierte;
se alza mi casa bajo su mirada,
que aquí a sus pies me reclinó la suerte
y en su luz hablo como alucinada.

Te doy mi amor, montaña mexicana;
como una virgen tú eres deleitosa;
sube de ti hecha gracia la mañana,
pétalo a pétalo abre como rosa.

El Ixtlazihuatl con su curva humana
endulza el cielo, el paisaje afina.
Toda dulzura de su dorso mana;
el valle en ella tierno se reclina.

Está tendida en la ebriedad del cielo
con laxitud de ensueño y de reposo,
tiene en un pico un ímpetu de anhelo
hacia el azul supremo que es su esposo.

Y los vapores que alza de sus lomas
tejen su sueño que es maravilloso:
cual la doncella y como la paloma
su pecho es casto, pero se halla ansioso.

Mas tú la andina, la de greña oscura,
mi Cordillera, la Judith tremenda,
hiciste mi alma cual la zarpa dura
y la empapaste en tu sangrienta venda.

Y yo te llevo cual tu criatura,
te llevo aquí en mi corazón tajeado,
que me crié en tus pechos de amargura,
¡y derramé mi vida en tus costados!

O IXTLAZIHUATL

O Ixtlazihuatl minha manhã verte;
minha casa se ergue sob tua mirada,
pois aqui a seus pés me debruçou a sorte
e na sua luz falo feito alucinada.

Te dou meu amor, montanha mexicana;
como uma virgem tu és deleitosa;
a manhã por ti agraciada é ufana,
pétala por pétala se abre feito rosa.

O Ixtlazihuatl com sua curva humana
ameniza o céu, a paisagem afina.
Toda doçura de seu dorso emana;
o vale nela terno se reclina.

Faz da ebriedade do céu seu cortejo
com a folga do sonho e do repouso,
tem em um pico o ímpeto do desejo
voltado ao azul supremo que é seu esposo.

E os vapores irradiados de suas lombas
tecem seu sonho que é maravilhoso:
qual a donzela e feito a pomba
seu peito é casto, e se põe ansioso.

Mas tu, minha andina, a de brenha escura,
minha Cordilheira, a Judith tremenda,
fizeste minha alma qual garra dura
e a empapaste em tua sangrenta venda.

E eu te carrego qual tua criatura,
te carrego aqui no meu coração talhado,
pois me criei em teus peitos de amargura,
e derramei minha vida em teus costados!

VOTO

Deus que me perdoe este livro amargo e os homens que sentem a vida como doçura saibam perdoá-lo também.

Nestes poemas permanece sangrando um passado doloroso, no qual a canção se ensanguentou para aliviar-me. Eu os deixo para trás como a depressão sombria e por ladeiras mais clementes subo rumo a platôs espirituais onde uma ampla luz cairá, por fim, sobre meus dias. Eu cantarei a partir deles as palavras da esperança, sem voltar a espreitar meu coração; cantarei como quis alguém misericordioso, para "consolar os homens". Aos trinta anos, quando escrevi o "Decálogo do Artista", fiz este Voto.

Deus e a Vida: deixem-me cumpri-lo nos dias que me restam pelos caminhos...

G. M.

Ternura [1924]

Ternura

DORMIDA

Meciendo mi carne,
meciendo mi hijo,
voy moliendo el mundo
con mis pulsos vivos.

El mundo, de brazos
de mujer molido,
se me va volviendo
vaho blanquecino.

El bulto del mundo,
por vigas y vidrios,
entra hasta mi cuarto,
cubre madre y niño.

Son todos los cerros
y todos los ríos,
todo lo creado,
todo lo nacido...

Yo mezo, yo mezo
y veo perdido
cuerpo que me dieron,
lleno de sentidos.

Ahora no veo
ni cuna ni niño,
y el mundo me tengo
por desvanecido...

¡Grito a quien me ha dado
el mundo y el hijo,
y despierto entonces
de mi propio grito!

ADORMECIDA

Balançando, minha carne,
balançando meu filho,
vou moendo o mundo
com meus pulsos vivos.

O mundo, a braços
de mulher moído,
vai se tornando
vapor embranquecido.

O vulto do mundo,
por vigas e vidros,
penetra no meu quarto,
cobre mãe e filho.

São todos os cerros
e todos os rios,
tudo o que foi criado,
tudo o que foi nascido...

Eu balanço, eu balanço
e vejo perdido
corpo que me deram,
cheio de sentidos.

Agora não vejo
nem berço nem filho,
e ao mundo me atenho
por tê-lo desvanecido...

Grito a quem me trouxe
o mundo e o menino,
e desperto então
com meu próprio grito!

CANCIÓN QUECHUA*

Donde fue Tihuantisuyo,
nacían los indios.
Llegábamos a la puna
con danzas, con himnos.

Silbaban quenas, ardían
dos mil fuegos vivos.
Cantaban Coyas de oro
y Amautas benditos.

Bajaste ciego de soles,
volando dormido,
para hallar viudos los aires
de llama y de indio.

Y donde eran maizales
ver subir el trigo
y en lugar de las vicuñas
topar los novillos.

¡Regresa a tu Pachacámac,
En-Vano Venido,
Indio loco, Indio que nace,
pájaro perdido!

---

* El fondo de esta canción, su esencia, corresponde a otra, citada por los Reclus, como un texto oral de mujer quechua, en una edición de sus *Geografías* que consulté en Nueva York hace años.

CANÇÃO QUÉCHUA*

Onde foi Tihuantisuyo,
nasciam os índios.
Chegávamos à puna
com danças, com hinos.

Silvavam quenas, ardiam
dois mil fogos vivos.
Catavam Coyas de ouro
e Amautas benditos.

Desceste cego de sóis,
flutuando adormecido,
para achar viúvos os ares
de lhama e de índio.

E onde havia milharais
ver crescer o trigo
e no lugar das vicunhas
topar os novilhos.

Regressa à tua Pachacámac,
Em Vão terás Vindo,
Índio louco, Índio que nasce,
pássaro perdido!

* O fundo desta canção, sua essência, corresponde a outra, citada pelos Reclus,
  como um texto oral de mulher quéchua, numa edição de suas *Geografias* que con-
  sultei em Nova Iorque faz anos. (N. O.)

NIÑO MEXICANO

Estoy en donde no estoy,
en el Anáhuac plateado,
y en su luz como no hay otra
peino un niño de mis manos.

En mis rodillas parece
flecha caída del arco,
y como flecha lo afilo
meciéndolo y canturreando.

En luz tan vieja y tan niña
siempre me parece hallazgo,
y lo mudo y lo volteo
con el refrán que le canto.

Me miran con vida eterna
sus ojos negri-azulados,
y como en costumbre eterna,
yo lo peino de mis manos.

Resinas de pino-ocote
van de su nuca a mis brazos,
y es pesado y es ligero
de ser la flecha sin arco...

Lo alimento con un ritmo,
y él me nutre de algún bálsamo
que es el bálsamo del maya
del que a mí me despojaron.

Yo juego con sus cabellos
y los abro y los repaso,
y en sus cabellos recobro
a los mayas dispersados.

MENINO MEXICANO

Estou onde não estou,
no Anáhuac prateado,
e na sua luz como em nenhuma outra
penteio um menino com minhas mãos.

Nos meus joelhos parece
flecha decaída do arco,
e como flecha eu o afio
embalando-o e cantarolando.

Na luz tão velha e tão menina
sempre me parece um achado,
então o troco e o desviro
com o refrão que lhe canto.

Me encaram com vida eterna
seus olhos negri-azulados,
e como em prática eterna,
eu o penteio com minhas mãos.

Resinas de pinho-ocote
escorrem de sua nuca aos braços,
é pesado e é ligeiro
feito a flecha sem arco...

Eu o alimento com um ritmo,
e ele me nutre com algum bálsamo
que é o bálsamo do maia
de que a mim me despojaram.

Festejo com seus cabelos
e os abro e os repasso,
e em seus cabelos recobro
os maias dispersados.

Hace doce años dejé
a mi niño mexicano;
pero despierta o dormida
yo lo peino de mis manos...

¡Es una maternidad
que no me cansa el regazo,
y es un éxtasis que tengo
de la gran muerte librado!

Há doze anos deixei
meu menino mexicano;
mas de pé ou adormecida
eu o penteio com minhas mãos...

É uma maternidade
que não me cansa o regaço,
é assim um êxtase que tenho
da grande morte liberado!

RONDA DE LOS COLORES

Azul loco y verde loco
del lino en rama y en flor.
Mareando de oleadas
baila el lindo azuleador.

Cuando el azul se deshoja,
sigue el verde danzador:
verde-trébol, verde-oliva
y el gayo verde-limón.

¡Vaya hermosura!
¡Vaya el Color!

Rojo manso y rojo bravo
–rosa y clavel reventón–.
Cuando los verdes se rinden,
él salta como un campeón.

Bailan uno tras el otro,
no se sabe cuál mejor,
y los rojos bailan tanto
que se queman en su ardor.

¡Vaya locura!
¡Vaya el Color!

El amarillo se viene
grande y lleno de fervor
y le abren paso todos
como viendo a Agamenón.

RONDA DAS CORES

Azul louco e verde louco
do linho em rama e em flor.
Mareando aos ondulados
dança o lindo azulador.

Quando o azul se desabrocha,
segue o verde bailador:
verde-trevo, verde-oliva
e o gaio verde-limão

Oh, beleza!
Oh, que Cor!

Vermelho manso e vermelho bravo
– rosa e cravo grassado –.
Quando os verdes se rendem,
ele salta qual quem aclamado.

Bailam uma atrás da outra,
não se sabe qual melhor,
e os vermelhos bailam tanto
que se queimam em seu ardor.

Oh, loucura!
Oh, que Cor!

O amarelo desponta
grande e cheio de fervor
e todas lhe abrem caminho
como vendo um Agamenon.

A lo humano y lo divino
baila el santo resplandor:
aromas gajos dorados
y el azafrán volador.

¡Vaya delirio!
¡Vaya el Color!

Y por fin se van siguiendo
al pavo-real del sol,
que los recoge y los lleva
como un padre o un ladrón.

Mano a mano con nosotros
todos eran, ya no son:
¡El cuento del mundo muere
al morir el Contador!

Ao humano e ao divino
baila o santo esplendor:
aromas em gomos dourados
e o açafrão voador.

Oh, delírio!
Oh, que Cor!

E por fim seguindo vão
o pavão-real do sol,
que as colhe e as leva
como um pai ou um ladrão.

Corpo a corpo conosco
as que estavam já não estão:
O conto do mundo morre
quando morre o Contador!

MIEDO

Yo no quiero que a mi niña
golondrina me la vuelvan.
Se hunde volando en el cielo
y no baja hasta mi estera;
en el alero hace nido
y mis manos no la peinan.
Yo no quiero que a mi niña
golondrina me la vuelvan.

Yo no quiero que a mi niña
la vayan a hacer princesa.
Con zapatitos de oro
¿cómo juega en las praderas?
Y cuando llegue la noche
a mi lado no se acuesta...
Yo no quiero que a mi niña
la vayan a hacer princesa.

Y menos quiero que un día
me la vayan a hacer reina.
La pondrían en un trono
a donde mis pies no llegan.
Cuando viniese la noche
yo no podría mecerla...
Yo no quiero que a mi niña
me la vayan a hacer reina!

MEDO

Eu não quero que a minha menina
em andorinha convertam.
Que afunde voando no céu
e não desça até minha esteira;
se na beira faz seu ninho
minhas mãos não a penteiam.
Eu não quero que a minha menina
em andorinha convertam.

Eu não quero que a minha menina
princesa a tornem.
Com sapatinhos de ouro
como brincar na relva?
E quando chegue a noite
ao meu lado não se deita...
Eu não quero que a minha menina
princesa a tornem.

E muito menos que um dia
me venham a fazê-la rainha.
Em um trono a colocariam
aonde meus pés não chegam.
Quando viesse a noite
eu não poderia embalá-la...
Eu não quero que a minha menina
me venham a fazê-la rainha!

LA CAJITA DE OLINALÁ*

A Ema y Daniel Cossío

I

Cajita mía
de Olinalá,
palo-rosa,
jacarandá.

Cuando la abro
de golpe da
su olor de reina
de Sabá.

¡Ay, bocanada
tropical:
clavo, caoba
y el copal!

La pongo aquí,
la dejo allá;
por corredores
viene y va.

Hierve de grecas
como un país:
nopal, venado,
codorniz,

---

* Cajitas de Olinalá (Mexico) coloreadas y decoradas, hechas en madera de olor.

A CAIXINHA DE OLINALÁ*

Para Ema e Daniel Cossío

I

Caixinha minha
de Olinalá,
lenho-rosa,
jacarandá.

Quando a abro
logo me dá
o aroma de rainha
de Sabá.

Ai, baforada
tropical:
cravo, caoba
e copal!

Ponho ela aqui,
ela deixo lá;
por corredores
vem e zás.

Seus entalhos náhuatl
formam nação:
nopal, veado,
faisão,

---

* Caixinhas de Olinalá (México) coloridas e decoradas, feitas em madeira aromática. (N. O.)

los volcanes
de gran cerviz
y el indio aéreo
como el maíz.

Así la pintan,
así, así,
dedos de indio
o colibrí;

y así la hace
de cabal
mano azteca,
mano quetzal.

II

Cuando la noche
va a llegar,
porque me guarde
de su mal,

me la pongo
de cabezal
donde otros ponen
su metal.

Lindos sueños
que hace soñar;
hace reír,
hace llorar...

Mano a mano
se pasa el mar,
sierras mellizas
campos de arar.

os vulcões
dos corcovados
e o índio aéreo
é milho alado.

Assim a pintam,
assim, assim,
dedos de índio
ou colibris;

e assim a faz
de cabal
mão asteca,
mão quetzal.

II

Quando a noite
já vai chegar,
para que me guarde
de todo mal,

eu a ponho
de cabedal
onde outros põem
o vil metal.

Lindos sonhos
que faz sonhar;
faz rir,
faz chorar...

Corpo a corpo
passa o mar,
serras irmãs
campos de arar.

Se ve al Anáhuac
rebrillar,
la bestia-Ajusco
que va a saltar,

y por el rumbo
que lleva al mar,
a Quetzalcóatl
se va a alcanzar.

Ella es mi hálito,
yo, su andar;
ella, saber;
yo, desvariar.

Y paramos
como el maná
donde el camino
se sobra ya,

donde nos grita
un ¡halalá!
el mujerío
de Olinalá.

Deixa-se ver o Anáhuac
a rebrilhar,
o monstro-Ajusco
que vai saltar,

e pelo rumo
que leva ao mar,
a Quetzalcóatl
vai alcançar.

Ela é meu alento,
eu, seu andar;
ela, saber;
eu, desvairar.

E paramos
como o maná
onde o caminho
se acaba já,

onde se grita
um halalá!
o mulheril
de Olinalá.

MONTAÑA

Hijo mío, tú subirás
con el ganado a la Montaña.
Pero mientras yo te arrebato
y te llevo sobre mi espalda.

Apuñada y negra la vemos,
como mujer enfurruñada.
Vive sola de todo tiempo,
pero nos ama, la Montaña,
y hace señales de subir
tirando gestos con que llama....

Trepamos, hijo, los faldeos,
llenos de robles y de hayas.
Arremolina el viento hierbas
y balancea la Montaña,
y van los brazos de tu madre
abriendo moños que son zarzas...

Mirando al llano, que está ciego,
ya no vemos río ni casa.
Pero tu madre sabe subir,
perder la Tierra, y volver salva.

Pasan las nieblas en trapos rotos;
se borra el mundo cuando pasan.
Subimos tanto que ya no quieres
seguir y todo te sobresalta.
Pero el alto Pico del Toro,
nadie descienda a la llanada.

MONTANHA

Filho meu, tu subirás
com o gado à Montanha.
Mas agora eu te arrebato
e te levo sobre minhas costas.

Esmerada e negra a vemos,
como mulher enfadada.
Vive sozinha todo o tempo,
mas nos ama, a Montanha,
e faz sinais para subir
enviando gestos com que chama...

Trepamos, filho, suas saias,
cheias de robles e faias.
O vento arredemoinha relvas
e balança a Montanha,
e vão os braços de tua mãe
abrindo trançados que são galhas...

Encarando o campo, que está cego,
já não vemos rio nem casa.
Mas tua mãe sabe subir,
a perder Terra, e voltar salva.

As névoas passam em trapos puídos;
o mundo quando passam se apaga.
Subimos tanto que já não queres
seguir e tudo te sobressalta.
Mas do alto Pico do Touro
ninguém regressa à chapada.

El sol, lo mismo que el faisán,
de una vez salta la Montaña,
y de una vez baña de oro
a la Tierra que era fantasma,
¡y le enseña gajo por gajo
en redonda fruta mondada!

O sol, assim como o faisão,
de repente salta a Montanha,
e de repente banha de ouro
a Terra que era fantasma,
e a mostra gomo por gomo
em redonda fruta descascada!

LA TIERRA

Niño indio, si estás cansado,
tú te acuestas sobre la Tierra,
y lo mismo si estás alegre,
hijo mío, juega con ella...

Se oyen cosas maravillosas
al tambor indio de la Tierra:
se oye el fuego que sube y baja
buscando el cielo, y no sosiega.
Rueda y rueda, se oyen los ríos
en cascadas que no se cuentan.
Se oyen mugir los animales;
se oye el hacha comer la selva.
Se oyen sonar telares indios.
Se oyen trillas, se oyen fiestas.

Donde el indio lo está llamando,
el tambor indio le contesta,
y tañe cerca y tañe lejos,
como el que huye y que regresa...

Todo lo toma, todo lo carga
el lomo santo de la Tierra:
lo que camina, lo que duerme,
lo que retoza y lo que pena;
y lleva vivos y lleva muertos
el tambor indio de la Tierra.

A TERRA

Menino índio, se estás cansado,
deita-te sobre a Terra,
faz o mesmo se estás alegre,
meu filho, brinca com ela...

Coisas maravilhosas são ouvidas
ao tambor índio da Terra:
ouvimos o fogo que sobe e desce
em busca do céu, e não sossega.
Roda e roda, ouvimos os rios
em cascatas que não se contam.
Ouvimos mugir os animais;
ouvimos o machado devorar a selva.
Ouvimos soar teares indígenas.
Ouvimos trilhas, ouvimos festas.

De onde o índio o está chamando,
o tambor indígena lhe contesta,
e repica perto e repica longe,
como quem foge e logo regressa...

Tudo leva, tudo carrega
o lombo santo da Terra:
o que caminha, o que dorme,
o que festeja e o que pena;
e leva vivos e leva mortos
o tambor indígena da Terra.

Cuando muera, no llores, hijo:
pecho a pecho ponte con ella,
y si sujetas los alientos
como que todo o nada fueras,
tú escucharás subir su brazo
que me tenía y que me entrega,
y la madre que estaba rota
tú la verás volver entera.

Quando morrer, filho, não chores:
peito a peito põe-te com ela,
e se sujeitas os ânimos
como se tudo ou nada fosses,
escutarás subir dela o braço
que teve a mim e que então me entrega,
e a mãe que estava destroçada
tu a verás voltar inteira.

VERANO

Verano, verano rey,
del abrazo incandescente,
sé para los segadores,
¡dueño de hornos!, más clemente.

Abajados y doblados
sobre sus pobres espigas,
ya desfallecen. ¡Tú manda
un viento de alas amigas!

Verano, la tierra abrasa:
llama tu sol allá arriba;
llama tu granada abierta;
y el segador, llama viva.

Las vides están cansadas
del producir abundoso,
y el río corre en huida
de tu castigo ardoroso.

Mayoral rojo, verano,
el de los hornos ardientes,
no te sorbas la frescura
de las frutas y las fuentes...

¡Caporal, echa un pañuelo
de nube y nube tendidas,
sobre la vendimiadora,
de cara y manos ardidas!

VERÃO

Verão, verão rei,
de abraço incandescente,
sê para os ceifadores,
coletores de fornos! mais clemente.

Abaixados ou encurvados
sobre suas pobres espigas,
já desfalecem. Vê se manda
um vento de asas amigas!

Verão, a terra abrasa:
chama teu sol aí em cima;
chama tua granada aberta;
e o ceifador, chama viva.

As plantações estão cansadas
do produzir abundoso,
e o rio corre em disparada
do teu castigo ardoroso.

Maioral vermelho, verão,
senhor de fornos ardentes,
não sorvas a frescura
das frutas e das fontes...

Capataz, abre um lenço
de nuvem e nuvem estendidas,
sobre a coletora,
de cara e mãos ardidas!

HIMNO AL ÁRBOL

A don José Vasconcelos

Árbol hermano, que clavado
por garfios pardos en el suelo,
la clara frente has elevado
en una intensa sed de cielo:

hazme piadoso hacia la escoria
de cuyos limos me mantengo,
sin que se duerma la memoria
del país azul de donde vengo.

Árbol que anuncias al viandante
la suavidad de tu presencia
con tu amplia sombra refrescante
y con el nimbo de tu esencia:

haz que revele mi presencia,
en la pradera de la vida,
mi suave y cálida influencia
de criatura bendecida.

Árbol diez veces productor:
el de la poma sonrosada,
el del madero constructor,
el de la brisa perfumada,
el del follaje amparador;

el de las gomas suavizantes
y las resinas milagrosas,
pleno de brazos agobiantes
y de gargantas melodiosas:

hazme en el dar un opulento.
¡Para igualarte en lo fecundo, ›

HINO À ÁRVORE

Para o sr. José Vasconcelos

Árvore irmã, que cravada
por garfos pardos no chão
a clara frente tens elevada
em uma intensa sede de Sião:

faz-me piedosa com a escória
de cujos limos me mantenho,
sem que se adormeça a memória
do país azul de onde venho.

Árvore que anuncias ao viajante
a suavidade da tua presença
com tua ampla sombra refrescante
e com o nimbo da tua essência:

faz que revele minha presença,
na campina da vida,
minha suave e cálida influência
de criatura embevecida.

Árvore dez vezes produtora:
da poma rosada,
da madeira construtora,
da brisa perfumada,
da folhagem acolhedora;

das gomas suavizantes
e das resinas milagrosas,
plena de braços acachapantes
e de gargantas melodiosas:

faz-me ao dar um opulento.
Para seguir-te no fecundo, ›

el corazón y el pensamiento
se me hagan vastos como el mundo!

Y todas las actividades
no lleguen nunca a fatigarme:
¡las magnas prodigalidades
salgan de mí sin agotarme!

Árbol donde es tan sosegada
la pulsación del existir,
y ves mis fuerzas la agitada
fiebre del mundo consumir:

hazme sereno, hazme sereno,
de la viril serenidad
que dio a los mármoles helenos
su soplo de divinidad.

Árbol que no eres otra cosa
que dulce entraña de mujer,
pues cada rama mece airosa
en cada leve nido un ser:

dame un follaje vasto y denso,
tanto como han de precisar
los que en el bosque humano, inmenso,
rama no hallaron para hogar.

Árbol que donde quiera aliente
tu cuerpo lleno de vigor,
levantarás eternamente
el mismo gesto amparador:

haz que a través de todo estado
–niñez, vejez, placer, dolor–
levante mi alma un invariado
y universal gesto de amor.

que meu coração e meu pensamento
se façam vastos como o mundo!

E que todas as atividades
não venham nunca a fatigar-me:
as magnas prodigalidades
saiam de mim sem esgotar-me!

Árvore onde é tão sossegada
a pulsação do existir,
e vês minhas forças a agitada
febre do mundo consumir:

faz-me sereno, faz-me sereno,
da viril serenidade
que deu aos mármores helenos
seu sopro de divindade.

Árvore que não és outra coisa
senão a doce entranha de mulher,
pois cada rama paira airosa
em cada leve ninho um ser:

dá-me copado vasto e denso,
tanto como hão de precisar
os que no bosque humano, imenso,
rama não acharam por lar.

Árvore que onde queira alente
teu corpo cheio de vigor,
levantarás eternamente
o mesmo gesto amparador:

faz que através de todo estado
– infância, velhice, prazer, dor –
levante minha alma um inabalado
e universal gesto de amor.

CANCIÓN DEL MAIZAL

I

El maizal canta en el viento
verde, verde de esperanza.
Ha crecido en treinta días:
su rumor es alabanza.

Llega, llega al horizonte,
sobre la meseta afable,
y en el viento ríe entero
con su risa innumerable.

II

El maizal gime en el viento
para trojes ya maduro;
se quemaron sus cabellos
y se abrió su estuche duro.

Y su pobre manto seco
se le llena de gemidos:
el maizal gime en el viento
con su manto desceñido.

III

Las mazorcas del maíz
a niñitas se parecen:
diez semanas en los tallos
bien prendidas que se mecen.

CANÇÃO DO MILHARAL

I

O milharal canta ao vento
verde, verde de esperança.
Cresceu em trinta dias:
seu rumor é alabança.

Chega, chega ao horizonte,
sobre o planalto afável,
e ao vento ri inteiro
com seu riso inumerável.

II

O milho geme ao vento
para silos já maduro;
esturricaram seus cabelos
e abriu seu estojo duro.

E seu pobre manto seco
se enche de gemidos:
o milharal geme ao vento
de seu manto já despido.

III

Os sabugos do milho
a mocinhas se assemelham:
há dez semanas nos talos
bem presas bamboleiam.

Tienen un vellito de oro
como de recién nacido
y unas hojas maternales
que les celan el rocío.

Y debajo de la vaina,
como niños escondidos,
con sus dos mil dientes de oro
ríen, ríen sin sentido...

Las mazorcas del maíz
a niñitas se parecen:
en las cañas maternales
bien prendidas que se mecen.

El descansa en cada troje
con silencio de dormido;
va sonando, va soñando
un maizal recién nacido.

Tem uma penugem de ouro
como de recém-nascido
e umas folhas maternais
tão zeladas pelo rocio.

E debaixo da bainha,
como meninos escondidos,
com seus dois mil dentes de ouro
riem, riem sem sentido...

Os sabugos do milho
a mocinhas se assemelham:
nas varas maternais
bem presas bamboleiam.

Ele descansa em cada silo
com o silêncio do adormecido;
vai sonhando, vai sonhado
um milharal recém-nascido.

EPÍLOGO COM CARA DE JUSTIFICATIVA

Comentei uma vez em Lima o sentido que teria o gênero da canção de ninar *enquanto coisa que a mãe se regala a si mesma e à criança que nada pode entender*, senão "guagüetear"* como os pacotinhos de três anos...

Agora tenho de divagar, a pedido do meu editor, sobre o nascimento destas canções de ninar, porque qualquer murmúrio primordial, até de animais ou de indústria verbal, cobra atenção das pessoas...

A mulher é quem mais canta neste mundo, porém ela aparece tão pouco criadora na história da música que aí quase figura de lábios selados. Sempre me intrigou nossa esterilidade para produzir ritmos e discipliná-los na canção, sendo que os mestiços americanos vivemos afligidos por ritmos e até mesmo a criança os acolhe e compõe. Por que as mulheres nos atrevemos com a poesia e não com a música? Por que optamos pela palavra, expressão mais grave de consequências e marcada pelo conceitual, que não é nosso reino?

Fuçando nesta aridez para a criação musical, eu caí sobre a ilha das canções de ninar. Certamente os "arrulhos" primordiais, os folclóricos, que são os únicos ótimos, saíram de pobres mulheres privadas de toda arte e ciência melódicas. As primeiras Evas começaram senão por embalar, com os joelhos e o berço; depois se deram conta de que o vaivém tanto mais adormece quando

---

*   Mistral usa aqui um neologismo formado a partir da palavra quéchua *guagua*, isto é, criança de colo, um bebê, conforme o uso na tradição de zonas andinas de cultura quéchua e aimará. O termo segue vigente no Chile, norte da Argentina, Bolívia, Peru, Equador e também Colômbia. (N. T.)

sublinhado pelo rumor; este rumor não iria mais longe que um rum-rum de lábios fechados.

Mas de repente sobreveio à mãe um gosto pelas palavras endereçadas à criança e a si mesma. Porque as mulheres não podemos ficar muito tempo passivas, embora se fale de nosso sedentarismo, e muito menos nos calar por anos. A mãe procurou e encontrou, assim, uma maneira de falar consigo mesma, embalando o filho, e também proseando com ele, e logo com a noite, "que é coisa viva".

A canção de ninar seria um colóquio diurno e noturno da mãe com sua alma, com seu filho, e com a Gaia visível de dia e audível à noite.

Aqueles que velaram enfermos, ou pernoitaram no campo, e aquelas que conhecem a espera pelo marido ou pelo irmão, todos aqueles que vivem em vigília, sabem bem que a noite é pessoa plural e ativa. "A noite é legião", o Evangelho diz do Demônio. Talvez nos enganamos crendo que a luz multiplica as coisas e a noite as unifica. A verdade seria que a treva, fruto enorme e vago, se parte em galhos de rumores. Ao agigantar tudo, ela estira o ruído breve e engrossa o vulto pequeno, pelo que as trevas vêm a ser muito ricas. A mãe desvelada passa, assim, a conviver com este mundo subterrâneo que a assusta com sua falsa imensidão e a fertiliza com seu mistério numeroso.

A mulher não só ouve o pequenino respirar; sente também a terra matriarca que ferve de prole. Então põe para dormir sua criança de carne, a prole da matriarca e a si mesma, pois ao fim a cantiga tomba a própria cantadora...

Esta mãe, com sua boca múltipla de deusa hindu, reconta na canção os afãs do seu dia; tece e destece sonhos para quando o "me-dá-me-dá" crescer; ela conta chacotas do molenga; ela roga séria a Deus e brincalhona aos duendes; ela assusta a criança com ameaças fraudulentas e logo a sossega, antes que passem por verdades. A letra da canção vai desde um zumbido até o patético, faz um ziguezague de brincadeira e de angústia, de palhaçadas e ansiedades. (Confesso que as cantigas que mais aprecio são as disparatadas, porque aqui, melhor que em outras partes, a lógica há de virar fumaça, e com caixas tresloucadas).

* * *

Pouco ou nada mudou no repertório das canções de ninar nas Américas. É bem provável que jamais as haja inventado o povo mestiço a não ser que siga cantando faz quatro séculos o que emprestamos de Espanha, ruminando trechos de cantigas andaluzas e castelhanas, de uma maravilhosa graça verbal. As mulheres talvez tenhamos armado algumas frases sobre os arames ancestrais ou tenhamos cerzido com alguns motes mestiços as costuras originais.

Nossas avós amamentavam, nossa mãe também, graças a Deus. Depois sobreveio uma queda da maternidade corporal, tanto na diminuição dos filhos como na recusa de muitas mulheres em criar, em ser a "figueira de leite" dos contos infantis.

Quem vai fazer, portanto, estas canções? A babá, mulher paga, repetirá o que sabe; o filho de outra não a embriaga a ponto de que ela as invente por inundações de amor e menos ainda por excesso de graça. E a canção de ninar nada mais é que a segunda amamentação no peito da mãe criadora. Ao leite ela se assemelha na fibra espessa, no sabor doce demais e na tepidez de entranha. Por tudo isso, a mulher que não dá o peito e não sente o peso da criança na saia, aquela que não faz dormir nem de dia nem de noite, como ela vai tagarelar uma *berceuse*? Como poderia ela dizer à criança carinhos arrebatados e remexidos com travessuras loucas? A cantadora melhor será sempre a mãe-fonte, a mulher que se deixa beber por quase dois anos, tempo suficiente para que um ato se doure de hábito, se derreta e solte jorros de poesia.

Uma colega espanhola certa vez fazia chacota do nosso empenho hispano-americano em forçar a poesia popular, provocando um nascimento por vontade, ou seja, um aborto. Eu a ouvia com interesse: um espanhol tem sempre o direito de falar dos negócios do idioma que nos cedeu e cujo cabo segue retendo na mão direita, quer dizer, na mais calejada. Mas o que querem que façamos? Muito do espanhol já não serve neste mundo de gente, hábitos, pássaros e plantas contrastados com o peninsular. Ainda somos sua clientela na língua, porém muitos já querem tomar posse do véu da Terra Nova. A empresa de inventar será grotesca; a de repetir o "bê-á-bá" do que veio nas caravelas, também o é. Algum dia hei de responder a minha colega sobre o *tremendo conflito entre o ser fiel e o ser infiel na colonização verbal.*

* * *

Estas canções estão muito longe das folclóricas que atendem ao meu gosto, e sei disso como o vício dos meus cabelos brancos e o desalinho das minhas roupas.

Aqueles que seguem o transe e os percalços das línguas coloniais, como a dentição de um pente fino segue os remendos atados a um corpo, somente eles podem explicar cabalmente o fracasso da nossa literatura infantil. Eles estão convictos como eu de que o folclore é, por excelência, a literatura das crianças, e que os povos que dele jejuam conquistarão o gênero muito tarde.

O poeta honrado sabe onde falhou e o confessa. Eu, além de saber disso, declaro que à parte duas ou três afortunadas que estão aqui, as demais são um *moulage* tenso, junto à carne elástica dos populares.

Nasceram, essas pobres canções, para convidar, mostrando seus pés inválidos, a modo de que algum músico as fizesse andar, e as fiz metade por sabores a antigos "arrulhos" da minha infância e metade por servir à emoção de outras mulheres; o poeta é um desatador de nós e o amor sem palavras é nó, e afoga.

Essas canções de ninar, nisso de bater pernas, não caminharam na desventura e até tiveram sorte local. Mexicanos, chilenos e argentinos que ultrapassam a dúzia emprestaram sua ajuda decisiva. Foram elas honradas demais, foram até transfiguradas. Em "nanas", em toadas, *vidalitas**, a música é corpo glorioso e a carne nada lhe acresce; elas não vivem da letra, daí nada arrancando, nem seu sangue nem seu alimento. A música tem sobre a escrita uma maioridade tal que na gesta de si mesma pode "tirar de letra". (Talvez porque os textos não tenham sido depreciados a música da nossa América corre cavalgando sobre umas letras bobas e piegas).

---

* Canção popular hispano-americana, cantada na Argentina e também no Chile, em compasso de 2 por 4 ou 6 por 8, acompanhada de violão e celebradas por meio de bailes similares ao da nossa ciranda de roda. (N. T.)

* * *

Eu conheço, como vinha dizendo, os defeitos e os erros de cada uma das minhas *canções orais*, e, apesar disso, eu as dei e as dou todas agora a conhecer, embora saiba mais que nunca e faça caso aqui, consciente disso, do encargo da mestiçagem verbal... Pertenço a um grupo de desafortunados que nasceram sem patriciado e sem Idade Média; sou dessas que têm as entranhas, cara e expressão *conturbadas* e *irregulares*, por causa do enxerto; e me encontro entre os filhos dessa coisa retorcida que se chama uma experiência racial, melhor dito, uma *violência racial*.

Continuo escrevendo "arrulhos" entre longas pausas; talvez morrerei fazendo-me dormir, convertida em mãe de mim mesma, como as velhas que entram em desvario com os olhos fixos nos seus joelhos hipnóticos, ou como o menino do poeta japonês que queria adormecer sua própria canção antes que ela o adormecesse...

Poderiam não servir para ninguém e as faria do mesmo jeito. Talvez porque minha vida haja sido dura, eu bendisse sempre o sonho e o tenho pela mais alta graça divina. No sonho, tive minha casa mais espaçosa e vívida, minha pátria verdadeira, meu planeta docíssimo. Não há prados tão espaçosos, tão deslizáveis e delicados para mim como os seus.

Alguns trechos destas canções – às vezes um ou dois versos bem realizados – me dão a saída familiar a caminho do meu país furtivo, abrem para mim a fenda ou a armadilha da escapada. O ponto da música por onde o menino se escapa e por gracejo deixa a mãe cantando feito boba, esse último degrau eu conheço muito bem: em tal ou qual palavra, o menino e eu nos viramos de costas e escapamos, deixando o mundo cair, como a capa estabanada ao correr...

Quero dizer com essa divagação que não perdi o "arrulho" dos dois anos: ainda durmo sobre um vago suporte materno e com frequência passo de uma frase arrastada, de minha mãe ou minha, ao grande regaço escuro da Mãe Divina que lá da outra margem me acolhe como se fosse uma alga despedaçada, o dia inteiro batida, e que volta a ela.

* * *

Sobre as "Rondas" deveria dizer alguma coisa, e muitas outras mais sobre as poesias infantis escritas faz vinte e cinco anos, tratando de ser perdoada por professores e crianças; mas já vou cansando quem lê em páginas *finais*...

Direi apenas que naqueles anos o gênero infantil estava apenas engatinhando por toda nossa América: esbarrões e mais esbarrões. A empresa é tão árdua que ainda hoje seguimos aos esbarrões porque, conforme acabo de dizer, nascemos monstruosamente, como não nascem as raças: sem infância, em plena puberdade e dando, do indígena rumo ao europeu, o salto que desmorona e destroça os ossos.

Na poesia popular espanhola, na provençal, na italiana do medievo, acredito ter encontrado o material mais genuinamente infantil de "Rondas" tanto quanto disso conheça. O próprio folclore adulto dessas mesmas regiões está cheio de peças válidas para crianças. Nisso fuçando tanto quanto me foi dado fuçar, soube, artesã ardente embora falida, que me faltavam os sentidos, e entranha, sete séculos de Idade Média americana, de trânsito moroso e maturador, para ser capaz de publicar uma dúzia de "Arrulhos" e de "Rondas" castiços, leia-se mestiços.

O *versolari* ou *payador** das crianças, o *chantre*** de sua catedral anã e o tutor de suas gargantas é algo que não se fabrica, chega lentamente com seu percurso astronômico que ninguém consegue galopar. Seguimos encontrando no agraço muitas possibilidades, embora encontremos do outro lado do espírito algumas sazões repentinas, assim como os frutos que mostram uma cara imutável e outra madura.

O Menino-Messias que chegará trazendo a graça do gênero infantil não quer nascer ainda... Profetas e crentes seguimos por ele clamando, como as mulheres judias chamam pelo Outro. Cada

---

*   *Versolari* ou *payador* são denominações de origem hispânica dada a cantores ou contadores populares à maneira dos nossos repentistas ou violeiros; sua gênese remonta ao trovador ou menestrel medieval. (N. T.)

** Eclesiástico ou salmista que dirige o coro nas igrejas e capelas católicas. (N. T.)

um dos que ensaiamos acredita que nascerá precisamente dele; mas o Espírito Santo não regressa, e talvez não tenha nascido nem sequer santa Ana, a avó do bem-aventurado.

* * *

Quando leio minhas poesias mais ou menos escolares, e especialmente quando as ouço em boca de criança, sinto uma vergonha não literária, e sim queimação real na cara. E me ponho, como os pescadores atribulados, a emendar algo, qualquer coisa: dureza do verso, presunção conceitual, pedagogia catequista, falação maçante. Esta ingenuidade de corrigir uns versos que andam na boca de tantos seguirá comigo até o fim.

Respeito acima de todas as criaturas, bem mais que ao meu Homero ou meu Shakespeare, meu Calderón ou meu Rubén Darío, a memória das crianças, da qual muitos abusamos.

Que os professores perdoem a barbaridade de me fazer e refazer. Sou ao cabo dona de minhas culpas mais que de minhas boas ações: estas são discutíveis e aquelas inquestionáveis. A fala é a nossa segunda posse, depois da alma, e talvez não tenhamos nenhuma outra posse neste mundo. Refaça, pois, a seus caprichos, quem ensaia e sabe que ensaia.

Continuo vivendo à caça da língua infantil, eu a persigo a partir do meu deserto do idioma, que dura vinte anos já. Longe do solar espanhol, a mil léguas de distância, continuo esquadrinhando o mistério cristalino e profundo da expressão infantil, o qual se parece pela profundidade ao bloco de quartzo magistral do Brasil, porque engana vista e mão com sua falsa superficialidade.

Quanto mais escuto as crianças, mais protesto contra mim, com uma consciência impaciente e até um pouco febril... O amor balbuciante, o que gagueja, costuma ser o amor que mais ama. A ele se parece o pobre amor que eu dei aos pequenininhos.

Gabriela Mistral
Petrópolis (Brasil), 1945

Tala [1938]

A Palma Guillén,
y en ella, a la piedad de la mujer mexicana

Tala

Para Palma Guillén,
e nela: para a piedade da mulher mexicana

LA FUGA

Madre mía, en el sueño
ando por paisajes cardenosos:
un monte negro que se contornea
siempre, para alcanzar el otro monte;
y en el que sigue estás tú vagamente,
pero siempre hay otro monte redondo
que circundar, para pagar el paso
al monte de tu gozo y de mi gozo.

Mas, a trechos tú misma vas haciendo
el camino de juegos y de expolios.
Vamos las dos sintiéndonos, sabiéndonos,
mas no podemos vernos en los ojos,
y no podemos trocarnos palabra,
cual la Eurídice y el Orfeo solos,
las dos cumpliendo un voto o un castigo,
ambas con pies y con acento rotos.

Pero a veces no vas al lado mío:
te llevo en mí, en un peso angustioso
y amoroso a la vez, como pobre hijo
galeoto a su padre galeoto,
y hay que enhebrar los cerros repetidos,
sin decir el secreto doloroso:
que yo te llevo hurtada a dioses crueles
y que vamos a un Dios que es de nosotros.

Y otras veces ni estás cerro adelante,
ni vas conmigo, ni vas en mi soplo:
te has disuelto con niebla en las montañas
te has cedido al paisaje cardenoso.
Y me das unas voces de sarcasmo
desde tres puntos, y en dolor me rompo,
porque mi cuerpo es uno, el que me diste, ›

A FUGA

Minhã mãe, no sonho
ando por paisagens cárdicas:
um monte negro que se rodeia
sempre, para passar a outro monte;
e no próximo te encontro vagamente,
mas sempre há outro monte redondo
a contornar, para pagar tributo
ao monte do teu gozo e do meu gozo.

Mas de trecho em trecho tu mesma vais fazendo
o caminho de desafios e espólios.
Vamos as duas nos sentindo, nos sabendo,
mas não podemos nos ver nos olhos,
e não podemos trocar palavra,
qual Eurídice e Orfeu isolados,
as duas cumprindo um voto ou um castigo,
ambas com pés e o tom quebrados.

Porém às vezes não vais ao meu lado:
te levo comigo, em um peso aflito
e também amoroso, como o pobre filho
galeote para seu pai galeote,
e devemos ensartar os cerros repetidos,
sem dizer o segredo doloroso:
que te levo furtada a deuses crueis
e que vamos para um Deus que é nosso.

Por vezes nem há cerro pela frente,
nem vais comigo, nem vais no meu sopro:
te dissipaste com a névoa nas montanhas
te conjuraste à paisagem cárdica.
E me dás umas vozes sarcásticas
através de três pontos, e em dor me arrebento,
porque meu corpo é uno, o que me deste, ›

y tú eres un agua de cien ojos,
y eres un paisaje de mil brazos,
nunca más lo que son los amorosos:
un pecho vivo sobre un pecho vivo,
nudo de bronce ablandado en sollozo.

Y nunca estamos, nunca nos quedamos,
como dicen que quedan los gloriosos,
delante de su Dios, en dos anillos
de luz o en dos medallones absortos,
ensartados en un rayo de gloria
o acostados en un cauce de oro.

O te busco, y no sabes que te busco,
o vas conmigo, y no te veo el rostro;
o vas en mí por terrible convenio;
sin responderme con tu cuerpo sordo,
siempre por el rosario de los cerros,
que cobran sangre para entregar gozo,
y hacen danzar en torno a cada uno,
¡hasta el momento de la sien ardiendo,
del cascabel de la antigua demencia
y de la trampa en el vórtice rojo!

e tu és uma água de cem olhos,
és uma paisagem de mil braços,
nunca mais o que são os apaixonados:
um peito vivo sobre um peito vivo,
nó de bronze em soluço abrandado.

E nunca estamos, nunca aguardamos,
como dizem que persistem os gloriosos,
diante de seu Deus, em dois anéis
de luz ou em dois medalhões absortos,
entrelaçados em um raio de glória
ou recostados em um leito de ouro.

Ou te procuro, e não sabes que te procuro,
ou vais comigo, e não te vejo o rosto;
ou vais dentro de mim por terrível pacto;
sem responder a mim com teu corpo surdo,
sempre pelo rosário dos cerros,
que cobram sangue para entregar gozo,
e fazem dançar em torno de cada um,
até o momento da face ardendo,
da cascavel da antiga demência
e da armadilha no vórtice vermelho!

NOCTURNO DE LOS TEJEDORES VIEJOS

Se acabaron los días divinos
de la danza delante del mar,
y pasaron las siestas del viento
con aroma de polen y sal,
y las otras en trigos dormidas
con nidal de paloma torcaz.

Tan lejanos se encuentran los años
de los panes de harina candeal
disfrutados en mesa de pino,
que negamos, mejor, su verdad,
y decimos que siempre estuvieron
nuestras vidas lo mismo que están,
y vendernos la blanca memoria
que dejamos tendida al umbral.

Han llegado los días ceñidos
como el puño de Salmanazar.
Llueve tanta ceniza nutrida
que la carne es su propio sayal.
Retiraron los mazos de lino
y se escarda, sin nunca acabar,
un esparto que no es de los valles
porque es hebra de hilado metal...

Nos callamos las horas y el día
sin querer la faena nombrar,
cual se callan remeros muy pálidos
los tifones, y el boga, el caimán,
porque el nombre no nutra al Destino,
y sin nombre, se pueda matar.

NOTURNO DOS VELHOS TECEDORES

Passaram os dias divinos
de dança diante do mar,
e acabaram as siestas do vento
com aroma de pólen e sal,
e as outras em trigos adormecidas
com ninhos de pombo-torcaz.

Quão longínquos se encontram os anos
dos pães de farinha candeal
desfrutados em mesa de pinho,
que negamos, melhor, sua verdade,
e dizemos que sempre estiveram
nossas vidas na mesmice em que estão,
e vendemos a branca memória
que deixamos estendida no umbral.

Os dias vieram contraídos
como o punho de Salmanazar.
Chove tanta cinza nutrida
que a carne é seu próprio embornal.
Retiraram os feixes de linho
e escardeiam, sem nunca acabar,
um esparto que não é destes vales
porque é fibra ao fio do metal...

Calados passamos as horas e o dia
sem querer a lida nomear,
qual se calam remadores tão pálidos
os tufões, e o boga, o jacaré,
para que o nome não nutra o Destino,
e sem nome ele se deixe matar.

Pero cuando la frente enderézase
de la prueba que no han de apurar,
al mirarnos, los ojos se truecan
la palabra en el iris leal,
y bajamos los ojos de nuevo,
como el jarro al brocal contumaz,
desolados de haber aprendido
con el nombre la cifra letal.

Los precitos contemplan la llama
que hace dalias y fucsias girar;
los forzados, como una cometa,
bajan y alzan su "nunca jamás".
Mas nosotros tan sólo tenemos,
para juego de nuestro mirar,
grecas lentas que dan nuestras manos,
golondrinas-al muro de cal,
remos negros que siempre jadean
y que nunca rematan el mar.

Prodigiosas las dulces espaldas
que se olvidan de se enderezar,
que obedientes cargaron los linos
y obedientes la leña mortal,
porque nunca han sabido de dónde
fueron hechas y a qué volverán.

¡Pobre cuerpo que todo ha aprendido
de sus padres José e Isaac,
y fantásticas manos leales,
las que tejen sin ver ni contar,
ni medir paño y paño cumplido,
preguntando si basta o si es más!

Mas quando o cenho se apossa
da prova que não vão apurar,
ao espreitar-nos, os olhos alternam
a palavra na íris leal,
e baixamos os olhos de novo,
como o jarro ao bocal contumaz,
desolados por ter aprendido
com o nome a cifra letal.

Os precitos contemplam a chama
que faz dálias e fucsias girar;
os condenados, como uma pipa,
baixam e empinam seu "nunca jamais".
Mas nós tão só dispomos,
para o jogo do nosso olhar,
lentos entramados por nossas mãos fabricados,
andorinhas – para o muro de cal,
remos negros que sempre arquejam
e que nunca rematam o mar.

Prodigiosas as doces costas
que se esquecem de aprumar,
que obedientes carregaram os linhos
e obedientes a lenha mortal,
porque nunca souberam onde
foram feitas e para onde voltarão.

Pobre corpo que tudo quis aprender
de seus pais José e Isaac,
e fantásticas mãos leais,
as que tecem sem ver nem contar,
nem medir pano e pano a preencher,
perguntando se basta ou se há mais!

Levantando la blanca cabeza
ensayamos tal vez preguntar
de qué ofensa callada ofendimos
a un demiurgo al que se ha de aplacar,
como leños de holgura que odiasen
el arder, sin saberse apagar.

Humildad de tejer esta túnica
para un dorso sin nombre ni faz,
y dolor el que escucha en la noche
toda carne de Cristo arribar,
recibir el telar que es de piedra
y la Casa que es de eternidad.

Levantando a branca cabeça
ensaiamos talvez perguntar
por meio de que ofensa calada afrontamos
um demiurgo ao que se deve aplacar,
como lenhos parrudos que odiassem
o arder, sem saber se apagar.

Humildade de tecer esta túnica
para um dorso sem nome nem rosto,
e dor para o que escuta na noite
a carne de Cristo que nos invade,
receber o tear que é de pedra
e a Casa que é de eternidade.

GESTOS

LA COPA

Yo he llevado una copa
de una isla a otra isla sin despertar el agua.
Si la vertía, una sed traicionaba;
por una gota, el don era caduco;
perdida toda, el dueño lloraría.

No saludé las ciudades;
no dije elogio a su vuelo de torres,
no abrí los brazos en la gran Pirámide
ni fundé casa con corro de hijos.

Pero entregando la copa, yo dije
con el sol nuevo sobre mi garganta:
"Mis brazos ya son libres como nubes sin dueño
y mi cuello se mece en la colina,
de la invitación de los valles".

Mentira fue mi aleluya: miradme.
Yo tengo la vista caída a mis palmas;
camino lenta, sin diamante de agua;
callada voy, y no llevo tesoro,
y me tumba en el pecho y los pulsos
la sangre batida de angustia y de miedo.

GESTOS

A TAÇA

Eu carreguei uma taça
de ilha em ilha sem despertar a água.
Se a vertia, uma sede traía;
por uma gota, o dom caducava;
perdida toda, o dono choraria.

Não celebrei as cidades;
não disse elogio ao seu voo de torres,
não abri os braços na grande Pirâmide
nem fundei casa com crianças em roda.

Mas entregando a taça, eu disse
com o sol novo sobre minha garganta:
"Meus braços já são livres como nuvens sem dono
e meu pescoço balança na colina,
a convite dos vales".

Mentiras foram minha aleluia: vejam-me.
Eu tenho a vista caída sobre minhas palmas;
caminho lenta, sem diamante de água;
vou calada, e não levo tesouro,
e tomba do meu peito e dos pulsos
o sangue abatido por angústias e medo.

LA FLOR DEL AIRE

A Consuelo Saleva

Yo la encontré por mi destino,
de pie a mitad de la pradera,
gobernadora del que pase,
del que le hable y que la vea.

Y ella me dijo: "Sube al monte.
Yo nunca dejo la pradera,
y me cortas las flores blancas
como nieves, duras y tiernas".

Me subí a la ácida montaña,
busqué las flores donde albean,
entre las rocas existiendo
medio dormidas y despiertas.

Cuando bajé, con carga mía,
la hallé a mitad de la pradera,
y fui cubriéndola frenética,
con un torrente de azucenas.

Y sin mirarse la blancura,
ella me dijo: "Tú acarrea
ahora sólo flores rojas.
Yo no puedo pasar la pradera".

Trepé las peñas con el venado,
y busqué flores de demencia,
las que rojean y parecen
que de rojez vivan y mueran.

A FLOR DO AR

Para Consuelo Saleva

Eu a encontrei pelo meu destino,
de pé no meio da campina,
governadora do que passe,
do que lhe fale e que a veja.

Então ela me disse: "Sobe ao monte.
Nunca deixo a campina,
e corta para mim as flores brancas
como neves, duras e ternas".

Subi a ácida montanha,
procurei pelas flores onde alvejam,
entre as rochas existindo
meio adormecidas e despertas.

Quando desci, com meu fardo,
eu a achei no meio da campina,
e fui cobrindo-a frenética,
com uma torrente de açucenas.

E sem ajuizar-se da brancura,
ela me disse: "Apanha agora
somente flores vermelhas.
Não posso cruzar a campina".

Trepei as penhas com o veado,
e procurei por flores de demência,
as que ruborecem e insinuam
que de rubor vivem e morrem.

Cuando bajé se las fui dando
con un temblor feliz de ofrenda,
y ella se puso como el agua
que en ciervo herido se ensangrienta.

Pero mirándome, sonámbula,
me dijo: "Sube y acarrea
las amarillas, las amarillas.
Yo nunca dejo la pradera".

Subí derecho a la montaña
y me busqué las flores densas,
color de sol y de azafranes,
recién nacidas y ya eternas.

Al encontrarla, como siempre,
a la mitad de la pradera,
segunda vez yo fui cubriéndola,
y la dejé como las eras.

Y todavía, loca de oro,
me dijo: "Súbete, mi sierva,
y cortarás las sin color,
ni azafranadas ni bermejas".

"Las que yo amo por recuerdo
de la Leonora y la Ligeia,
color del Sueño y de los sueños.
Yo soy Mujer de la pradera".

Me fui ganando la montaña,
ahora negra como Medea,
sin tajada de resplandores,
como una gruta vaga y cierta.

Quando desci fui entregando-as
com um tremor feliz de oferenda,
e ela se tornou como a água
que por um cervo ferido se ensanguenta.

Mas vigiando-me, sonâmbula,
me disse: "Sobe e apanha
as amarelas, as amarelas.
Nunca deixo a campina".

Subi com pressa a montanha
e procurei pelas flores densas,
cor de sol e de açafrão,
recém-nascidas e já eternas.

Ao encontrá-la, como sempre,
no meio da campina,
pela segunda vez fui cobrindo-a,
e a deixei como as heras.

E ainda, louca de ouro,
ela me disse: "Sobe, minha serva,
e cortarás as sem cor,
nem açafranadas nem vermelhas".

"Aquelas que amo por recordação
da Leonora e da Ligeia,
da cor do Sonho e dos sonhos.
Eu sou Mulher da campina".

Fui ganhando a motanha,
agora negra como Medéia,
sem quinhão de resplendores,
como uma gruta vaga e certa.

Ellas no estaban en las ramas,
ellas no abrían en las piedras
y las corté del aire dulce,
tijereteándolo ligera.

Me las corté como si fuese
la cortadora que está ciega.
Corté de un aire y de otro aire,
tomando el aire por mi selva...

Cuando bajé de la montaña
y fui buscándome a la reina,
ahora ella caminaba,
ya no era blanca ni violenta;

ella se iba, la sonámbula,
abandonando la pradera,
y yo siguiéndola y siguiéndola
por el pastal y la alameda,

cargada así de tantas flores,
con espaldas y mano aéreas,
siempre cortándolas del aire
y con los aires como siega...

Ella delante va sin cara;
ella delante va sin huella,
y yo la sigo todavía
entre los gajos de la niebla,

con estas flores sin color,
ni blanquecinas ni bermejas,
hasta mi entrega sobre el límite,
cuando mi Tiempo se disuelva...

Elas não estavam nas ramas,
elas não se abriam nas pedras
e as cortei do ar doce,
picoteando-o ligeira.

Eu as cortei como se fosse
a cortadora que está cega.
Cortei de um ar e de outro ar,
tomando o ar por minha selva...

Quando baixei da montanha
e fui procurando minha rainha,
agora ela caminhava,
já não era branca nem violenta;

ela partia, a sonâmbula,
abandonando a campina,
eu então a seguindo e a seguindo
pela pastagem e pela alameda,

carregada assim de tantas flores,
com as costas e mão aéreas,
sempre cortando-as do ar
e com os ares de colheita...

Ela adiante vai sem cara;
ela adiante vai imaculada,
e eu a sigo ainda
entre os galhos da névoa,

com estas flores sem cor,
nem esbranquiçadas nem vermelhas,
até minha entrega sobre o limiar,
quando meu Tempo se dissolva...

AGUA

Hay países que yo recuerdo
como recuerdo mis infancias.
Son países de mar o río,
de pastales, de vegas y aguas.
Aldea mía sobre el Ródano,
rendida en río y en cigarras;
Antilla en palmas verdinegras
que a medio mar está y me llama;
¡roca lígure de Portofino:
mar italiana, mar italiana!

Me han traído a país sin río,
tierras-Agar, tierras sin agua;
Saras blancas y Saras rojas,
donde pecaron otras razas,
de pecado rojo de atridas
que cuentan gredas tajeadas;
que no nacieron como un niño
con unas carnazones grasas,
cuando las oigo, sin un silbo,
cuando las cruzo, sin mirada.

Quiero volver a tierras niñas;
llévenme a un blando país de aguas.
En grandes pastos envejezca
y haga al río fábula y fábula.
Tenga una fuente por mi madre
y en la siesta salga a buscarla,
y en jarras baje de una peña
un agua dulce, aguda y áspera.

Me venza y pare los alientos
el agua acérrima y helada.
¡Rompa mi vaso y al beberla
me vuelva niñas las entrañas!

ÁGUA

Há países que recordo
como recordo minhas infâncias.
São países de mar ou rio,
de pastagens, campinas e águas.
Minha aldeia sobre o Ródano,
arrodeada pelo rio e as cigarras;
Antilha em palmeiras verde-escuro
que está no meio do mar e me chama;
rocha lígure de Portofino:
mar italiano, mar italiano!

Trouxeram-me a um país sem rio,
terras-Agar, terras sem água;
Saras brancas e Saras rúbeas,
onde pecaram outras raças,
de pecado vermelho de átridas
que contam argilas talhadas;
que não nasceram como um menino
com umas carnações fartas,
quando as ouço, sem um silvo,
quando as cruzo, sem visão.

Quero voltar a terras meninas;
levem-me a um brando país de águas.
Em grandes pastos envelheça
e faça do rio fábula e fábula.
Tenha uma fonte por minha mãe
e na siesta saia a procurá-la,
e em jarras apanhe de uma penha
uma água doce, aguda e áspera.

Que me vença e pare meus ânimos
a água acérrima e gelada.
Quebre meu copo e ao bebê-la
torne meninas minhas entranhas!

DOS HIMNOS

A don Eduardo Santos

SOL DEL TRÓPICO

Sol de los Incas, sol de los Mayas,
maduro sol americano
sol en que mayas y quichés
reconocieron y adoraron,
y en el que viejos aimaráes
como el ámbar fueron quemados.
Faisán rojo cuando levantas
y cuando medias, faisán blanco,
sol pintador y tatuador
de casta de hombre y de leopardo.
Sol de montañas y de valles,
de los abismos y los llanos,
Rafael de las marchas nuestras,
lebrel de oro de nuestros pasos,
por toda tierra y todo mar
santo y seña de mis hermanos.
Si nos perdemos que nos busquen
en unos limos abrasados,
donde existe el árbol del pan
y padece el árbol del bálsamo.

Sol del Cuzco, blanco en la puna,
Sol de México, canto dorado,
canto rodado sobre el Mayab,
maíz de fuego no comulgado,
por el que gimen las gargantas
levantadas a tu viático;
corriendo vas por los azules
estrictos o jesucristianos,
ciervo blanco o enrojecido,
siempre herido, nunca cazado...

DOIS HINOS

Para o sr. Eduardo Santos

SOL DO TRÓPICO

Sol dos Incas, sol dos Maias,
maduro sol americano
sol em que maias e quiches
reconheceram e adoraram,
e em que velhos aimarás
como o âmbar foram queimados.
Faisão rúbeo quando levantas
e quando medeias, faisão branco,
sol pintador e tatuador
de casta de homens e de leopardo.
Sol de montanhas e de vales,
dos abismos e das planícies,
Rafael das nossas marchas,
lebrel de ouro dos nossos passos,
por toda terra e todo mar
bandeira dos meus irmãos.
Se nos perdemos que nos procurem
nos mangues abrasados,
onde existe a árvore do pão
e padece a árvore do bálsamo.

Sol de Cuzco, branco na puna,
Sol do México, canto dourado,
canto rodado sobre o Mayab,
milho de fogo não comungado,
pelo qual as gargantas gemem
erguidas ao teu viático;
correndo vais pelos azuis
estritos ou cristãos,
cervo branco ou enrubecido,
sempre ferido, nunca caçado...

Sol de los Andes, cifra nuestra,
veedor de hombres americanos,
pastor ardiendo de grey ardiendo
y tierra ardiendo en su milagro,
que ni se funde ni nos funde,
que no devora ni es devorado;
quetzal de fuego emblanquecido
que cría y nutre pueblos mágicos;
llama pasmado en rutas blancas
guiando llamas alucinados...

Raíz del cielo, curador
de los indios alanceados;
brazo santo cuando los salvas,
cuando los matas, amor santo.
Quetzalcóatl, padre de oficios
de la casta de ojo almendrado,
el moledor de los añiles,
el tejedor de algodón cândido;
los telares indios enhebras
con colibríes alocados
y das las grecas pintureadas
al mujerío de Tacámbaro.
¡Pájaro Roc, plumón que empolla
dos orientes desenfrenados!

Llegas piadoso y absoluto
según los dioses no llegaron,
tórtolas blancas en bandada,
maná que baja sin doblarnos.
No sabemos qué es lo que hicimos
para vivir transfigurados.
En especies solares nuestros
Viracochas se confesaron,
y sus cuerpos los recogimos
en sacramento calcinado.

Sol dos Andes, cifra nossa,
vidente de homens americanos,
pastor ardente de rebanho ardoroso
e terra ardendo no seu milagre,
que nem se arruina nem nos arruína,
que não devora nem é devorado;
quetzal de fogo embranquecido
que cria e nutre povos mágicos;
chama pasmado em estradas brancas
guiando lhamas alucinadas...

Raiz do céu, curandeiro
de índios alanceados;
braço santo quando os salvas,
e quando matas, amor santo.
Quetzalcóatl, pai de ofícios
da casta de olho amendoado,
moedor dos anis,
tecedor de algodão cândido;
os teares dos índios enredas
com colibris aloucados
e dás adornos pintados
ao mulheril de Tacámbaro.
Pássaro Ígneo, penacho que incuba
dois orientes desenfreados!

Chegas piedoso e absoluto
segundo os deuses não chegaram,
pombas brancas em bandada,
maná que desce sem nos encurvar.
Não sabemos o que foi que fizemos
para viver transfigurados.
Em espécies solares nossos
Viracochas se confessaram,
e seus corpos nós recolhemos
em sacramento calcinado.

A tu llama fie a los míos,
en parva de ascuas acostados.
Sobre tendal de salamandras
duermen y sueñan sus cuerpos santos.
O caminan contra el crepúsculo,
encendidos como retamos,
azafranes sobre el poniente,
medio Adanes, medio topacios...

Desnuda mírame y reconóceme,
si no me viste en cuarenta años,
con Pirámide de tu nombre,
con pitahayas y con mangos,
con flamencos de la aurora
y los lagartos tornasolados.

¡Como el maguey, como la yuca,
como el cántaro del peruano,
como la jícara de Uruápan,
como la quena de mil años,
a ti me vuelvo, a ti me entrego,
en ti me abro, en ti me baño!
Tómame como los tomaste,
el poro al poro, el gajo al gajo,
y ponme entre ellos a vivir,
pasmada dentro de tu pasmo.

Pisé los cuarzos extranjeros,
comí sus frutos mercenarios;
en mesa dura y vaso sordo
bebí hidromieles que eran lánguidos;
recé oraciones mortecinas
y me canté los himnos bárbaros,
y dormí donde son dragones
rotos y muertos los Zodíacos.

Fiei à tua chama os meus,
em trigos encandecentes tombados.
Sobre um tendal de salamandras
dormem e sonham seus corpos santos.
Ou caminham contra o crepúsculo,
acesos como campim-dourado,
açafrãos contra o poente,
meio Adãos, meio topázios...

Despida tu me espreitas e me reconheces,
se não me viste em quarenta anos,
com Pirâmide do teu nome,
com pitaias e com mangas,
com flamingos da aurora
e os lagartos tornasolados.

Como o sisal, como a mandioca,
como o cântaro do peruano,
como a cuia de Uruapán,
como a quena de mil anos,
a ti me volto, a ti me entrego,
em ti me abro, em ti me banho!
Bebe de mim como deles bebeste,
poro a poro, galho a galho,
e me põe entre eles a viver,
pasamada dentro do teu pasmo.

Pisei os quartzos estrangeiros,
comi seus frutos mercenários;
em mesa dura e copo surdo
bebi hidroméis que eram lânguidos;
rezei orações fúnebres
e me encantei com hinos bárbaros,
e dormi onde são dragões
dilacerados e mortos os Zodíacos.

Te devuelvo por mis mayores
formas y bulto en que me alzaron.
Riégame así con rojo riego;
dame el hervir vuelta tu caldo.
Emblanquéceme u oscuréceme
en tus lejías y tus cáusticos.

¡Quémame tú los torpes miedos,
sécame lodos, avienta engaños;
tuéstame habla, árdeme ojos,
sollama boca, resuello y canto,
límpiame oídos, lávame vistas,
purifica manos y tactos!

Hazme las sangres y las leches,
y los tuétanos, y los llantos.
Mis sudores y mis heridas
sécame en lomos y en costados.
Y otra vez íntegra incorpórame
a los coros que te danzaron:
los coros mágicos, mecidos
sobre Palenque y Tihuanaco.

Gentes quechuas y gentes mayas
te juramos lo que jurábamos.
De ti rodamos hacia el Tiempo
y subiremos a tu regazo;
de ti caímos en grumos de oro,
en vellón de oro desgajado,
y a ti entraremos rectamente
según dijeron Incas Magos.

¡Como racimos al lagar
volveremos los que bajamos,
como el cardumen de oro sube
a flor de mar arrebatado
y van las grandes anacondas
subiendo al silbo del llamado!

Retorno a ti por meus ancestrais
formas e vultos nos quais me alçaram.
Regá-me assim com rúbeos regos;
dá-me a fervura vertendo teu caldo.
Embranquece-me ou escurece-me
em tuas lavandinas e teus ácidos.

Queima meus torpes medos,
seca meus lodos, dispersa enganos;
tosta minha fala, torra meus olhos,
inflama boca, chio e canto,
limpa meus ouvidos, lava minhas vistas,
purifica mãos e tatos!

Faz de mim sangues, leites,
medula e prantos.
Meus suores e minhas feridas
seca meu lombo e minhas costas.
E outra vez íntegra incorpora-me
aos coros que te celebraram:
os coros mágicos, embalados
sobre Palenque e Tihuanaco.

Gente quéchua e gente maia
te juramos o que jurávamos.
De ti rolamos ao redor do Tempo
e subiremos ao teu regaço;
de ti caímos em grumos de ouro,
em novelos de ouro desgarrado,
e a ti entraremos retamente
segundo disseram os Incas Magos.

Como uvas pisadas no lagar
voltaremos ao que decantamos,
como o cardume de ouro sobe
a flor do mar arrebatado
e vão as grandes anacondas
subindo ao assovio do chamado!

CORDILLERA

¡Cordillera de los Andes,
Madre yacente y Madre que anda,
que de niños nos enloquece
y hace morir cuando nos falta;
que en los metales y el amianto
nos aupaste las entrañas;
hallazgo de los primogénitos,
de Mama Ocllo y Manco Cápac,
tremendo amor y alzado cuerno
del hidromiel de la esperanza!

Jadeadora del Zodíaco,
sobre la esfera galopada;
corredora de meridianos,
piedra Mazzepa que no se cansa,
Atalanta que en la carrera
es el camino y es la marcha,
y nos lleva, pecho con pecho,
a lo madre y lo marejada,
a maná blanco y peán rojo
de nuestra bienaventuranza.

Caminas, madre, sin rodillas,
dura de ímpetu y confianza;
con tus siete pueblos caminas
en tus faldas acigüeñadas;
caminas la noche y el día,
desde mi Estrecho a Santa Marta,
y subes de las aguas últimas
la cornamenta del Aconcagua.
Pasas del valle de mis leches,
amoratando la higuerada;
cruzas el cíngulo de fuego
y los ríos Dioscuros lanzas;
pruebas Sargassos de salmuera
y desciendes alucinada...

CORDILHEIRA

Cordilheira dos Andes,
Mãe jacente e Mãe que anda,
que nos enlouquece quando crianças
e faz morrer quando nos falta;
que nos metais e no amianto
carregou nossas entranhas;
descoberta dos primogênitos,
de Mama Ocllo e Manco Cápac,
amor monumento e cornos erguidos
no hidromel da esperança!

Arfadora do Zodíaco,
sobre a esfera galopada;
corredora de meridianos,
pedra Mazzepa que não se cansa
Atalanta que no carreiro
é caminho e também a marcha,
e nos leva, peito a peito,
ao maneiro e à marulhada,
ao maná branco e ao peã rúbeo
da nossa bem-aventurança.

Caminhas, mãe, sem rótulas,
dura de ímpeto e confiança;
com teus sete povos caminhas
em tuas saias acegonhadas;
caminhas a noite e o dia,
partindo do meu Estreito até Santa Marta,
e sobes das águas últimas
os chifres do Aconcagua.
Passas do vale dos meus leites,
ruborizando a figueirada;
cruzas o cinturão de fogo
e os rios Dióscuros lanças;
provas sargaços de salmoura
e baixas alucinada...

Víboreas de las señales
del camino del Inca Huayna,
veteada de ingenierías
y tropeles de alpaca y llama,
de la hebra del indio atónito
y del ¡ay! de la quena mágica.
Donde son valles, son dulzuras;
donde repechas, das el ansia;
donde azurea el altiplano
es la anchura de la alabanza.

Extendida como una amante
y en los soles reverberada,
punzas al indio y al venado
con el jengibre y con la salvia;
en las carnes vivas te oyes
lento hormiguero, sorda vizcacha;
oyes al puma ayuntamiento
y a la nevera, despeñada,
y te escuchas el propio amor
en tumbo y tumbo de tu lava...
Bajan de ti, bajan cantando,
como de nupcias consumadas,
tumbadores de las caobas
y rompedor de araucarias.

Aleluya por el tenerte
para cosecha de las fábulas,
alto ciervo que vio San Jorge
de cornamenta aureolada
y el fantasma del Viracocha,
vaho de niebla y vaho de habla.
¡Por las noches nos acordamos
de bestia negra y plateada,
leona que era nuestra madre
y de pie nos amamantaba!

Serpenteias pelos sinais
do caminho do Inca Huayna,
em veios de engenhos
e atropelos de alpaca e lhama,
dos fios do índio atônito
e do lamento da quena mágica.
Onde são vales, são doçuras;
onde inclinas, és ânsia;
onde o altiplano marulheia
és a espessura da esperança.

Estirada como uma amante
e nos sóis reverberada,
puncionas o índio e o veado
com o gengibre e com a salvia;
nas carnes vivas escutas
lento formigueiro, surda chinchila;
escutas o puma acasalado
e a nevada dilapidada,
e escutas o próprio amor
em tombo e tombo de tua lava...
Baixam de ti, cantando baixam,
como núpcias consumadas,
tombadores de caobas
e destroçador de araucárias.

Aleluias porque tenho a ti
para colheita das fábulas,
alto cervo que viu São Jorge
de cabeça aureolada
e o fantasma de Viracocha,
vapor de névoa e vapor de fala.
Pelas noites nós nos lembramos
da besta negra e prateada,
leoa que era nossa mãe
e em pé nos amamentava!

En los umbrales de mis casas,
tengo tu sombra amoratada.
Hago, sonámbula, mis rutas,
en seguimiento de tu espalda,
o devanándome en tu niebla,
o tanteando un flanco de arca;
y la tarde me cae al pecho
en una madre desollada.
¡Ancha pasión, por la pasión
de hombros de hijos jadeada!

¡Carne de piedra de la América,
halalí de piedras rodadas,
sueño de piedra que soñamos,
piedras del mundo pastoreadas;
enderezarse de las piedras
para juntarse con sus almas!
¡En el cerco del valle de Elqui,
bajo la luna de fantasma,
no sabemos si somos hombres
o somos peñas aprobadas!

Vuelven los tiempos en sordo río
y se les oye la arribada
a la meseta de los Cuzcos
que es la peana de la gracia.
Silbaste el silbo subterráneo
a la gente color del ámbar;
no desatamos el mensaje
enrollado de salamandra;
y de tus tajos recogemos
nuestro destino en bocanada.

¡Anduvimos como los hijos
que perdieron signo y palabra,
como beduino o ismaelita,
como las peñas hondeadas, ›

Nos umbrais das minhas casas,
tenho tua sombra arroxeada.
Faço, sonâmbula, minhas rotas,
em seguimento de teus costados,
ou emaranhando-me em tua névoa,
ou tateando um flanco de arca;
e a tarde cai ao meu peito
feito uma mãe desolada.
Ampla paixão, pela paixão
ofegante nos ombros dos filhos!

Carne de pedra da América,
halali de pedras roladas,
sonho de pedra que sonhamos,
pedras do mundo pastoreadas;
enteire-se das pedras
para juntar-se às tuas almas!
No cerco do Vale do Elqui,
sob a lua de fantasma,
não sabemos se somos homens
ou somos penhas aprovadas!

Os tempos se convertem em um rio surdo
e deles se escuta a arribada
no platô dos Cuzcos
que é o pedestal da graça.
Assobiaste um assobio subterrâneo
para a raça de cor âmbar;
te liberamos da mensagem
enrolada da salamandra;
e de tuas fendas recolhemos
nosso destino a tragadas.

Andamos como os filhos
que perderam signo e palavra,
como beduíno ou ismaelita,
como as penhas afundadas, >

vagabundos envilecidos,
gajos pisados de vid santa,
hasta el día de recobrarnos
como amantes que se encontraran!

Otra vez somos los que fuimos,
cinta de hombres, anillo que anda,
viejo tropel, larga costumbre
en derechura a la peana,
donde quedó la madre-augur
que desde cuatro siglos llama,
en toda noche de los Andes
y con el grito que es lanzada.

Otra vez suben nuestros coros
y el roto anillo de la danza,
por caminos que eran de chasquis
y en pespunte de llamaradas.
Son otra vez adoratorios
jaloneando la montaña,
y la espiral en que columpian
mirra-copal, mirra-copaiba,
¡para tu gozo y nuestro gozo
balsámica y embalsamada!

El fueguino sube al Caribe
por tus punas espejeadas;
a criaturas de salares
y de pinar lleva a las palmas.
Nos devuelves al Quetzalcóatl
acarreándonos al Maya,
y en las mesetas cansa-cielos,
donde es la luz transfigurada,
braceadora, ata tus pueblos
como juncales de sabana.

vagabundos envilecidos,
cachos pisoteados de cepas santas,
até o dia de recobrarmo-nos
como amantes que se encontraram!

Outra vez somos os que fomos,
cordão de homens, anel que anda,
velha turba, longo costume
endireitado qual pedestal,
onde restou a mãe-augur
que há quatro séculos clama,
em toda noite dos Andes
e com o grito que é lançada.

Outra vez nossos coros sobem
e o quebrado anel da dança,
por caminhos que eram de chasquis
e em pesponto de chamaradas.
São outra vez adoratórios
esquadrinhando a montanha,
e a espiral em que balançam
mirra-copal, mirra-copaíba,
para teu gozo e nosso gozo
balsâmica e embalsamada!

O fueguino sobe ao Caribe
por tuas punas espelhadas;
das criaturas das salinas
e das araucárias levas aos palmeirais.
Ao Quetzalcóatl nos devolves
transportando-nos ao Maia,
e nos platôs arranha-céus,
onde a luz é transfigurada,
abrasadora, ata a teus povos
como juncos de savana.

¡Suelde el caldo de tus metales
los pueblos rotos de tus abras;
cose tus ríos vagabundos,
tus vertientes acainadas.
Puño de hielo, palma de fuego,
a hielo y fuego purifícanos!
Te llamemos en aleluya
y en letanía arrebatada.
¡Especie eterna y suspendida,
Alta-ciudad–Torres-doradas,
Pascual Arribo de tu gente,
Arca tendida de tu Alianza!

Que o caldo dos teus metais solde
os povos quebrados das tuas abras;
cose teus rios andarilhos,
tuas vertentes fratricídas.
Punho de gelo, palma de fogo,
a gelo e fogo nos purifica!
Te chamaremos em aleluia
e em litania arrebatada.
Espécie eterna e elevada,
Alta-cidade – Torres-douradas,
Pascoal Destino de tua gente,
Arca desvelada da Aliança!

COSAS

A Max Daireaux

Amo las cosas que nunca tuve
con las otras que ya no tengo:

Yo toco un agua silenciosa,
parada en pastos friolentos,
que sin un viento tiritaba
en el huerto que era mi huerto.

La miro como la miraba;
me da un extraño pensamiento,
y juego, lenta, con esa agua
como con pez o con misterio.

Pienso en umbral donde dejé
pasos alegres que ya no llevo,
y en el umbral veo una llaga
llena de musgo y de silencio.

Me busco un verso que he perdido,
que a los siete años me dijeron.
Fue una mujer haciendo el pan
y yo su santa boca veo.

Viene un aroma roto en ráfagas;
soy muy dichosa si lo siento;
de tal delgado no es aroma,
siendo el olor de los almendros.

Me vuelve niños los sentidos;
le busco un nombre y no lo acierto,
y huelo el aire y los lugares
buscando almendros que no encuentro.

COISAS

Para Max Daireaux

Amo as coisas que nunca tive
com as outras que já não tenho:

Toco uma água silenciosa,
parada nos pastos friorentos,
que sem um vento tiritava
no horto que era meu horto.

Olho para ela como a olhava;
um estranho pensamento me repassa,
e brinco, lenta, com essa água
como com peixe ou com mistério.

Penso no umbral onde deixei
passos alegres que já não levo,
e no umbral vejo uma chaga
cheia de musgo e silêncio.

Ando à procura de um verso perdido,
que aos sete anos me disseram.
Foi uma mulher fazendo pão
eu vejo sua santa boca.

Vem um aroma partido em rajadas;
sou muito agraciada se o sinto;
de tão delicado não é aroma,
sendo o cheiro das amendoeiras.

Meus sentidos voltam a ser criança;
invento um nome e não acerto,
e inspiro o ar e os lugares
procurando amendoeiras que não encontro.

Un río suena siempre cerca.
Ha cuarenta años que lo siento.
Es canturía de mi sangre
o bien un ritmo que me dieron.

O el río Elqui de mi infancia
que me repecho y me vadeo.
Nunca lo pierdo; pecho a pecho,
como dos niños nos tenemos.

Cuando sueño la Cordillera,
camino por desfiladeros,
y voy oyéndoles, sin tregua,
un silbo casi juramento.

Veo al remate del Pacífico
amoratado mi archipiélago,
y de una isla me ha quedado
un olor acre de alción muerto...

Un dorso, un dorso grave y dulce,
remata el sueño que yo sueño.
Es al final de mi camino
y me descanso cuando llego.

Es tronco muerto o es mi padre,
el vago dorso ceniciento.
Yo no pregunto, no lo turbo.
Me tiendo junto, callo y duermo.

Amo una piedra de Oaxaca
o Guatemala, a que me acerco,
roja y fija como mi cara
y cuya grieta da un aliento.

Um rio soa sempre perto.
Há quarenta anos que o sinto.
É cantoria do meu sangue
ou então um ritmo que me deram.

Ou o rio Elqui da minha infância
onde me banho e mato o tempo.
Nunca o perco; peito a peito,
como dois meninos nos possuímos.

Quando sonho com a Cordilheira,
caminho por desfiladeiros,
e vou ouvindo-os, sem trégua,
um assovio quase juramento.

Vejo o remate do Pacífico
arroxeado meu arquipélago,
e me ficou de uma ilha
um cheiro pungente de alcião morto...

Um dorso, um dorso grave e doce,
remata o sonho que eu sonho.
É o final do meu caminho
e descanso quando chego.

É tronco morto ou é meu pai,
o vago dorso cinzento.
Eu não pergunto, não o azucrino.
Estando dele junto, calo e durmo.

Amo uma pedra de Oaxaca
ou Guatemala, da qual me aproximo,
rúbea e fixa como minha cara
e cuja fenda me dá ânimo.

Al dormirme queda desnuda;
no sé por qué yo la volteo.
Y tal vez nunca la he tenido
y es mi sepulcro lo que veo...

Quando durmo ela fica nua;
não sei por que eu a viro.
E talvez ela nunca haja existido
e meu sepulcro é o que vejo...

CANCIÓN DE LAS MUCHACHAS MUERTAS

*Recuerdo de mi
sobrina Graciela*

¿Y las pobres muchachas muertas,
escamoteadas en abril,
las que asomáronse y hundiéronse
como en las olas el delfín?

¿Adónde fueron y se hallan,
encuclilladas por reír
o agazapadas esperando
voz de un amante que seguir?

¿Borrándose como dibujos
que Dios no quiso reteñir
o anegadas poquito a poco
como en sus fuentes un jardín?

A veces quieren en las aguas
ir componiendo su perfil,
y en las carnudas rosas-rosas
casi consiguen sonreír.

En los pastales acomodan
su talle y bulto de ceñir
y casi logran que una nube
les preste cuerpo por ardid;

casi se juntan las deshechas;
casi llegan al sol feliz;
casi reniegan su camino
recordando que eran de aquí;

casi deshacen su traición
y van llegando a su redil.
¡Y casi vemos en la tarde
el divino millón venir!

CANÇÃO DAS MENINAS MORTAS

Recordação da minha
sobrinha Graciela

E as pobres meninas mortas,
escamoteadas em abril,
aquelas que emergiram e afundaram
como nas ondas o golfim?

Aonde foram e se encontram,
acocoradas para rir
ou agachadas esperando
voz de um amante a seguir?

Apagando-se como desenhos
que Deus não quis definir
ou afogadas pouco a pouco
como em suas fontes um jardim?

Às vezes querem nas águas
ir compondo seu perfil,
e nas carnudas rosas-rosas
quase conseguem sorrir.

Nas pastagens acomodam
o talhe e o volume da cintura
e quase conseguem que uma nuvem
empreste-lhes corpo para a emboscada;

quase se juntam as desgarradas;
quase chegam ao sol feliz;
quase renegam seu caminho
recordando que eram daqui;

quase desfazem sua traição
e vão passando à malhada.
E quase vemos na tarde
vir aos milhões, divinas!

GRACIAS EN EL MAR

A Margot Arce

Por si nunca más yo vuelvo
de la santa mar amarga
y no alcanza polvo tuyo
a la puerta de mi casa,
en el mar de los regresos,
con la sal en la garganta,
voy cantándote al perderme:
–¡Gracias, gracias!

Por si ahora hay más silencio
en la entraña de tu casa,
y se vuelve, anocheciendo,
la diorita sin mirada,
de la joven mar te mando,
en cien olas verdes y altas
Beatrices y Leonoras,
y Leonoras y Beatrices,
a cantar sobre tu costa:
–¡Gracias, gracias!

Por si pones al comer
plato mío, miel, naranjas;
por si cantas para mí,
con la roja fe insensata;
por si mis espaldas ves
en el claro de las palmas,
para ti dejo en el mar:
–¡Gracias, gracias!

Por si roban tu alegría
como casa transportada;
por si secan en tu rostro
el maná que es de tu raza, ›

NAS GRAÇAS DO MAR

Para Margot Arce

Se por acaso eu nunca mais voltar
da divindade amarga do mar
e à porta da minha casa
não chegue teu pó,
no mar dos regressos,
com o sal na garganta,
vou cantando ao perder-me:
– Te dou graças, graças!

Se por acaso agora há mais silêncio
na entranha da tua casa,
e se a diorita, anoitecendo,
retorna sem semblante,
da juventude do mar te mando,
em cem ondas verdes e altas
Beatrizes e Leonoras,
e Leonoras e Beatrizes,
para cantar sobre tua costa:
– Te dou graças, graças!

Se por acaso passes a comer
do meu prato, mel, laranjas;
se por acaso cantas para mim,
com a insensata fé vermelha;
se por acaso minhas costas vês
na clareira dos palmerais,
para ti deixo no mar:
– Te dou graças, graças!

Se por acaso roubam tua alegria
como casa transportada;
se por acaso secam no teu rosto
o maná que é da tua raça, >

para que en un hijo tuyo
vuelvas, en segunda albada,
digo vuelta hacia el Oeste:
–¡Gracias, gracias!

Por si no hay después encuentros
en ninguna Vía Láctea,
ni país donde devuelva
tu piedad de blanco llama,
en el hoyo que es sin párpado
ni pupila, de la nada,
oigas tú mis dobles gritos,
y te alumbren como lámparas
y te sigan como canes:
–¡Gracias, gracias!

Para tallarte
gruta de plata
o hacerte el puño
de la granada,
en donde duermas
profunda y alta,
y de la muerte seas librada,
mitad del mar yo canto:
–¡Gracias, gracias!

Para mandarte
oro en la ráfaga,
y hacer metal
mi bocanada,
y crearte ángeles
de una palabra,
canto vuelta al Oeste:
–¡Gracias, gracias!

para que em um filho teu
voltes, em segundo esplendor,
digo virada para o Oeste:
– Te dou graças, graças!

Se por acaso depois não há encontros
em nenhuma Via Láctea,
nem país de onde retorne
tua piedade de chama branca,
no buraco sem pálpebras
nem pupila, do nada,
que escutes meus gritos duplos,
e te iluminem como lâmpadas
e te sigam como cães:
– Te dou graças, graças!

Para esculpir-te
gruta de prata
ou segurar-te
feito uma granada,
onde durmas
tranquila e alta,
e da morte sejas liberada,
metade do mar eu canto:
– Te dou graças, graças!

Para enviar-te
ouro na rajada,
e fazer metal
minha tragada,
e criar-te anjos
com uma palavra,
canto virada para o Oeste:
– Te dou graças, graças!

VIEJA

Ciento veinte años tiene, ciento veinte,
y está más arrugada que la Tierra.
Tantas arrugas lleva que no lleva otra cosa
sino alforzas y alforzas como la pobre estera.

Tantas arrugas hace como la duna al viento,
y se está al viento que la empolva y pliega;
tantas arrugas muestra que le contamos sólo
sus escamas de pobre carpa eterna.

Se le olvidó la muerte inolvidable,
como un paisaje, un oficio, una lengua.
Y a la muerte también se le olvidó su cara,
porque se olvidan las caras sin cejas.

Arroz nuevo le llevan en las dulces mañanas;
fábulas de cuatro años al servirle le cuentan;
aliento de quince años al tocarla le ponen;
cabellos de veinte años al besarla le allegan.

Mas la misericordia que la salva es la mía.
Yo le regalaré mis horas muertas,
y aquí me quedaré por la semana,
pegada a su mejilla y a su oreja.

Diciéndole la muerte lo mismo que una patria;
dándosela en la mano como una tabaquera;
contándole la muerte como se cuenta a Ulises,
hasta que me la oiga y me la aprenda.

"La Muerte", le diré al alimentarla;
y "La Muerte", también, cuando la duerma;
"La Muerte", como el número y los números,
como una antífona y una secuencia.

VELHA

Tem cento e vinte anos, cento e vinte,
e está mais enrugada que a Terra.
Tantas rugas arrasta que não arrasta outra coisa
a não ser pregas e pregas como a pobre esteira.

Tantas rugas que emula a duna ao vento,
e se está ao vento se empoeira e dobra;
tantas rugas provam que apenas contamos
suas escamas de pobre carpa eterna.

Foi esquecida pela morte inesquecível,
como uma paisagem, um ofício, uma língua.
E a morte também se esqueceu da sua cara,
porque esquecidas são as caras sem sobrancelhas.

Arroz novo levam para ela nas doces manhãs;
fábulas de quatro anos contam para ela quando a servem;
vigor de quinze anos lhe dão ao tocá-la;
cabelos de vinte anos se lhe acercam ao beijá-la.

Mas a misericórdia que a salva é a minha.
Eu lhe darei minhas horas mortas,
e aqui ficarei ao longo da semana,
agarrada em seu rosto e na orelha.

Dizendo-lhe a morte o mesmo que uma pátria;
pondo-a na sua mão como uma tabaqueira;
contando a morte para ela como se conta para Ulisses,
até que a escute de mim e de mim a aprenda.

"A Morte", direi para ela ao alimentá-la;
e "A Morte", também, quando a fizer dormir;
"A Morte", como o número e os números,
como uma antífona e uma sequência.

Hasta que alargue su mano y la tome,
lúcida al fin en vez de soñolienta,
abra los ojos, la mire y la acepte
y despliegue la boca y se la beba.

Y que se doble lacia de obediencia
y llena de dulzura se disuelva,
con la ciudad fundada el año suyo
y el barco que lanzaron en su fiesta.

Y yo pueda sembrarla lealmente,
como se siembran maíz y lenteja,
donde a tiempo las otras se sembraron,
más dóciles, más prontas y más frescas.

El corazón aflojado soltando,
y la nuca poniendo en una arena,
las viejas que pudieron no morir:
Clara de Asís, Catalina y Teresa.

Até que estenda sua mão e a tome,
lúcida por fim em vez de sonolenta,
abra os olhos, veja e a aceite
e despregue sua boca e a beba.

E que se curve lisa de obediência
e cheia de doçura se dissolva,
com a cidade fundada no seu nascimento
e o barco que fizeram zarpar em sua festa.

Que eu possa semeá-la lealmente,
como se semeiam milho e lentilha,
onde a bom tempo as outras se semearam,
mais dóceis, mais ligeiras e mais frescas.

O coração serenado saltando,
e a nuca repousando em um areal,
as velhas que puderam não morrer:
Clara de Assis, Catarina e Teresa.

LICENÇA PARA ALGUMAS NOTAS

Alfonso Reyes criou entre nós o precedente das notas de autor sobre seu próprio livro. Levem a ele, sábio e bondoso, a responsabilidade das que seguem.

É justa e útil a novidade. Entre o direito do crítico capacitado, chamemo-lo monsieur Sage, e o que usa o eterno doutor Trabuco para tratar da peça que cai nas suas mãos, cabe um bom pedaço de direito para que o autor diga alguma coisa. Em especial o autor que é poeta e não pode dar suas razões entre a matéria alucinada que é a poesia. Monsieur Sage dirá que sim à pretensão; doutor Trabuco, naturalmente, dirá que não.

Uma cauda de notas finais não dá ênfase a um escrito, seja verso ou prosa. Ajudar o leitor não é protegê-lo; seria, se muito, saltar com ele algumas etapas, como o duende, e acompanhá-lo por uns trechos do caminho, desaparecendo em seguida...

DEDICATÓRIA

Tardio é o pagamento de dívidas. Mas nesta ausência de doze anos do meu México não tive antes sossego durável para juntar o disperso e avoado. A paz dos Portuguais jamais se teve antes!

MORTE DA MINHA MÃE*

Ela se tornou para mim uma demorada e sombria estância; con-

---

* "Muerte de mi madre" não é um título de poema de Gabriela Mistral, e sim o subtítulo da primeira série de textos do livro *Tala*, aberta pelo poema "La fuga", que se encontra nesta antologia. (N. T.)

verteu-se para mim em um país em que vivi cinco ou sete anos, país amado por causa da morta, odioso por causa da conversão da minha alma em arrastada crise religiosa. Não são bons nem belos os chamados "frutos da dor", e a ninguém os desejo. Deixando esta vida passada na mais densa treva, volto a dizer, como ao final de *Desolação*, o elogio da alegria. A viagem monumental termina na esperança de *Loucas litanias* e conta seu desfecho a quem quer que cuide da minha alma e pouco sabe de mim desde que vivo errante.

DOIS HINOS

Depois da tormenta épica, mais mastodôntica que metálica, de nossos românticos, que recolheram a gesticulação dos Quintanas e dos Gallegos, veio à nossa geração uma repugnância exagerada frente ao hino comprido e espesso, a caminho do tom maior. Vieram as flautas e os juncos, já não só de milho, mas de arroz e de cevada... O tom menor foi bem recebido, e deixou seus primores, entre os quais se contam nossas canções mais íntimas e talvez as mais puras. Mas já vamos tocando o fundo mísero da ourivesaria e da criação em acônitos. É costume ser nostálgico quando se contempla os monumentos indígenas ou a Cordilheira, uma voz inteira que tenha o valor de acercar-se desses materiais formidáveis.

Nosso cumprimento com a terra de América começou por seus brotos. Parece que viemos contando todos os nossos caracóis, os colibris e as nossas orquídeas, e que seguem em vacância cerros e sóis, como quem nomeia o pedestal e a aureola da Walkiria terrestre que se chama América.

Assim como me ocorreu quando fiz umas *Rondas* infantis e umas *Canções de ninar*, balbucio o tema para dar-lhe voz e apresentá-lo aos moços, quer dizer, aos que virão melhor dotados que nós e "com a estrela da fortuna" no meio da testa. É possível que, como no caso anterior, quem entendeu o sinal siga o trajeto e alcance êxito. Eu sei muito bem que não faço senão puro balbucio do assunto. Tal como de outras vezes, afronto o ridículo com o sorriso da mulher rural quando perde o ponto na compota ou no melaço sobre o fogo...

Aquele que discuta a necessidade de fazer de tarde em tarde o hino em tom maior, saiba ao menos que vamos sentindo um sabor enjoativo quanto ao mínimo e ao brando de tanto "mingau de linhaça...".

Se nosso Rubén, após a *Marcha triunfal* (que é grega ou romana) e o *Canto a Roosevelt*, que já é americano, tivesse desejado abandonar as Parises e as Madris e vir a perder-se na natureza americana por uns bons anos – seria o caso de perder-se com gosto –, já não teríamos estes temas em nosso cultivo; estariam devastados e andariam entoando a alma da juventude. O esquadrão de jovens chega sem gostar muito que falemos de "Ar Suave" ou da marquesa Eulália. Têm eles razão: o ar do mundo se transformou em *puelche*, esse vento da Patagônia, violento, e o mar de jacintos se transmuta de repente em outro mar que os marinheiros chamam *encabriolado*.

RAZÃO DESTE LIVRO

Algo circunstancial arranca sempre de mim o livro que eu havia deixado para as Calendas por negligência hispano-americana. Na primeira vez o mestre Onís e os professores de espanhol dos Estados Unidos apertaram minha frouxidão e publicaram *Desolação*; agora entrego *Tala* por não ter outra coisa para dar aos meninos espanhóis dispersados pelos quatro ventos do mundo.

Que tomem eles o pobre livro da mão de sua Gabriela, que é uma mestiça de basco, e lavem *Tala* de sua miséria essencial por este gesto de servir, de ser unicamente o criado do meu amor para o sangue inocente de Espanha, que vai e vem pela Península e pela Europa inteira.

É meu maior assombro, poderia dizer também que é minha mais aguda vergonha, ver a minha América Espanhola de braços cruzados diante da tragédia dos meninos bascos. Na espessura física e na generosidade natural do nosso Continente haveria lugar de sobra para receber todos eles, poupando-lhes a estadia em países de língua impossível, em climas inóspitos e entre raças estranhas. O oceano desta vez não serviu para nossa caridade, e nossas praias, acolhedoras das mais duvidosas emigrações, não teve um porto para os pés dos meninos errantes da desgraçada Bascônia. Os bascos e bascos mestiços da América temos aceitado a dispersão dessas criaturas de nosso sangue e a cada novo dia temos lido na impressa, sem que o coração nos arrebate, os relatos desoladores da barganha que alguns países fizeram para receber os barcos de fugitivos ou de órfãos. É a primeira vez em minha vida em que não entendo minha raça e em que sua atitude moral me deixa em um verdadeiro estupor.

A grande argentina que se chama Victoria Ocampo, e que não é a alienada que se costuma dizer, oferta inteiramente a impressão deste livro feito na sua editora SUR. Deus lhe pague e que os meninos espanhóis conheçam seu alto nome.

No caso de que continue a tragédia espanhola, eu confio em que meus compatriotas repetirão o gesto cristão de Victoria Ocampo. Afinal, Chile é o mais basco entre os países da América.

A "Residencia de Pedralbes", à qual dediquei o último poema de *Tala*, abriga um grupo numeroso de crianças bascas, e me comove saber que eles vivem protegidos por um teto que também me deu amparo em um duro inverno. É impossível neste momento rastrear a partir da América as rotas e os acampamentos daquelas criaturas derruídas em solo europeu. Destino, portanto, o produto de *Tala* às instituições catalãs que os acolheu dentro de seu território, de onde oxalá nunca teriam saído, menos no caso de vir para a América por direito natural. Deixo a cargo de Victoria Ocampo e de Palma Guillén a escolha do abrigo ao qual se aplicarão os poucos dinheiros arrecadados.

Rogo que as crianças bascas não sejam despojadas pelas seguintes casas editorais, que me piratearam os direitos autorais de *Desolação* e de *Ternura*, e invoco para isso o nome dos órfãos espanhóis: a editora catalã Bauzá e a editora Claudio García, do Uruguai, são as autoras daquela ação maléfica.

Lagar [1954]

Lagar

LA OTRA

Una en mí maté:
yo no la amaba.

Era la flor llameando
del cactus de montaña;
era aridez y fuego;
nunca se refrescaba.

Piedra y cielo tenía
a pies y a espaldas
y no bajaba nunca
a buscar «ojos de agua».

Donde hacía su siesta,
las hierbas se enroscaban
de aliento de su boca
y brasa de su cara.

En rápidas resinas
se endurecía su habla,
por no caer en linda
presa soltada.

Doblarse no sabía
la planta de montaña,
y al costado de ella,
yo me doblaba...

La dejé que muriese,
robándole mi entraña.
Se acabó como el águila
que no es alimentada.

A OUTRA

Uma em mim matei:
eu não a amava.

Era a flor incandescente
do cactus da montanha;
era aridez e fogo;
nunca se refrescava.

Pedra e céu tinha
nos pés e nas costas
e não descia jamais
para procurar "olhos d'água".

Onde fazia sua siesta,
as relvas se enroscavam
pela respiração da sua boca
e pela brasa da sua cara.

Em rápidas resinas
sua fala se endurecia,
esquivando ser a linda
presa liberada.

Dobrar-se não sabia
a planta da montanha,
e ao lado dela,
era eu a inclinada...

Deixei que ela morresse,
roubando-lhe minha entranha.
Terminou como a águia
que não é alimentada.

Sosegó el aletazo,
se dobló, lacia,
y me cayó a la mano
su pavesa acabada...

Por ella todavía
me gimen sus hermanas,
y las gredas de fuego
al pasar me desgarran.

Cruzando yo les digo:
—Buscad por las quebradas
y haced con las arcillas
otra águila abrasada.

Si no podéis, entonces,
¡ay!, olvidadla.
Yo la maté. ¡Vosotras
también matadla!

Sossegou as asas,
dobrou-se, flácida,
e caiu na minha mão
sua centelha acabada...

Por ela ainda
suas irmãs me lançam gemidos,
e gredas de fogo
ao passar me dilaceram.

Avanzando eu lhes digo:
– Procurem pelas quebradas
e façam com argilas
outra águia abrasada.

Se não podem, então,
ai!, esqueçam-na.
Eu a matei. Vocês também
tem de matá-la!

LA QUE CAMINA

Aquel mismo arenal, ella camina
siempre hasta cuando ya duermen los otros;
y aunque para dormir caiga por tierra
ese mismo arenal sueña y camina.
La misma ruta, la que lleva al Este
es la que toma aunque la llama el Norte,
y aunque la luz del sol le da diez rutas
y se las sabe, camina la Única.
Al pie del mismo espino se detiene
y con el ademán mismo lo toma
y lo sujeta porque es su destino.

La misma arruga de la tierra ardiente
la conduce, la abrasa y la obedece
y cuando cae de soles rendida
la vuelve a alzar para seguir con ella.
Sea que ella la viva o que la muera
en el ciego arenal que todo pierde,
de cuanto tuvo dado por la suerte
esa sola palabra ha recogido
y de ella vive y de la misma muere.

Igual palabra, igual, es la que dice
y es todo lo que tuvo y lo que lleva
y por su sola sílaba de fuego
ella puede vivir hasta que quiera.
Otras palabras aprender no quiso
y la que lleva es su propio sustento
a más sola que va más la repite
pero no se la entienden sus caminos.

A QUE CAMINHA

Naquele mesmo areal ela caminha
sempre, até quando os outros já dormem;
e ainda que para dormir caia por terra
esse mesmo areal sonha e caminha.
A mesma rota, a que leva ao Leste
é a que toma, embora o Norte a chame,
e ainda que a luz do sol lhe dê dez rotas
e disso saiba, caminha a Única.
Aos pés da mesma espinheira se detém
e com o mesmo gesto dela recolhe
e a sujeita porque é seu destino.

A mesma ruga da terra ardente
a conduz, a abrasa e a obedece
e quando cai rendida pelos sóis
volta a erguê-la para seguir com ela.
Se ela vem a viver ou talvez morra
no cego areal que tudo põe a perder,
de quanto teve dado pela sorte
essa só palavra recolheu
e dela vive e da mesma morre.

Igual palavra, igual, é a que diz
também é tudo o que teve e o que leva
e por sua solitária sílaba de fogo
ela pode viver até quando quiser.
Outras palavras não quis aprender
e a que leva é seu próprio sustento
por mais que vai sozinha mais se repete
mas seus caminhos não a entendem.

¿Cómo, si es tan pequeña, la alimenta?
¿Y cómo, si es tan breve, la sostiene,
y cómo, si es la misma, no la rinde,
y adónde va con ella hasta la muerte?
No le den soledad por que la mude,
ni palabra le den, que no responde.
Ninguna más le dieron, en naciendo,
y como es su gemela no la deja.

¿Por qué la madre no le dio sino esta?
¿Y por qué cuando queda silenciosa
muda no está, que sigue balbuceándola?
Se va quedando sola como un árbol
o como arroyo de nadie sabido
así marchando entre un fin y un comienzo
y como sin edad o como en sueño.
Aquellos que la amaron no la encuentran,
el que la vio la cuenta por fábula
y su lengua olvidó todos los nombres
y solo en su oración dice el del Único.

Yo que la cuento ignoro su camino
y su semblante de soles quemado,
no sé si la sombrean pino o cedro
ni en qué lengua ella mienta a los extraños.

Tanto quiso olvidar que ya ha olvidado.
Tanto quiso mudar que ya no es ella,
tantos bosques y ríos se ha cruzado
que al mar la llevan ya para perderla,
y cuando me la pienso, yo la tengo,
y le voy sin descanso recitando
la letanía de todos los nombres
que me aprendí, como ella vagabunda;
pero el Ángel oscuro nunca, nunca,
quiso que yo la cruce en los senderos.

Como, se é tão pequena, alimentá-la?
E como segurá-la se é tão breve,
e como, se é a mesma, não se entende,
e aonde vai com ela até a morte?
Não deem a ela solidão para que mude,
nem palavra deem, pois não responde.
Nenhuma mais lhe deram, ao nascer,
e como é sua gêmea não a deixa.

Por que a mãe não lhe deu senão esta?
E por que quando fica silenciosa
muda não está, pois segue balbuciando?
Vai restando sozinha como uma árvore
ou como um riacho de todos desconhecido
assim cruzando entre um fim e um começo
e como sem idade ou como em sonho.
Aqueles que a amaram não a encontram,
quem a viu só a reconta por fábula
e sua língua esqueceu todos os nomes
e apenas em sua oração nomeia o Único.

Eu que a conto ignoro seu caminho
e seu semblante queimado pelos sóis,
não sei se sombras lhe dão pinheiro ou cedro
nem em que língua ela evoca os estranhos.

Quis tanto esquecer que já esqueceu.
Quis tanto mudar que já não é ela,
tantas matas e tantos rios cruzou
que ao mar a levam já para perdê-la,
e quando penso nela eu a possuo,
e sem descanso vou para ela recitando
a litania de todos os nomes
que aprendi sendo errante como ela;
mas o Anjo obscuro nunca, nunca,
quis que eu a cruzasse nos trechos.

Y tanto se la ignoran los caminos
que suelo comprender, con largo llanto,
que ya duerme del sueño fabuloso,
mar sin traición y monte sin repecho,
ni dicha ni dolor, no más olvido.

E tanto é ignorada pelos caminhos
que costumo comprender, com choro farto,
que já dorme do sonho fabuloso,
mar sem traição e montanha sem sopé,
nem felicidade nem dor, apenas esquecimento.

UNA PIADOSA

Quiero ver al hombre del faro,
quiero ir a la peña del risco,
probar en su boca la ola,
ver en sus ojos el abismo.
Yo quiero alcanzar, si vive,
al viejo salobre y salino.

Dicen que solo mira al Este,
—emparedado que está vivo—
y quiero, cortando sus olas
que me mire en vez del abismo.

Todo se sabe de la noche
que ahora es mi lecho y camino:
sabe resacas, pulpos, esponjas,
sabe un grito que mata el sentido.

Está escupido de marea
su pecho fiel y con castigo,
está silbado de gaviotas
y tan albo como el herido
¡y de inmóvil, y mudo y ausente,
ya no parece ni nacido!

Pero voy a la torre del faro,
subiéndome ruta de filos
por el hombre que va a contarme
lo terrestre y lo divino,
y en brazo y brazo le llevo
jarro de leche, sorbo de vino...

Y él sigue escuchando mares
que no aman sino a sí mismos.
Pero tal vez ya nada escuche,
de haber parado en sal y olvido.

UMA PIEDOSA

Quero ver o homem do farol,
quero ir ao penhasco do risco,
provar na sua boca a onda,
ver em seus olhos o abismo.
E quero alcançar, se está vivo,
o vento salobre e salino.

Dizem que só olha para o Leste,
– emparedado ainda estando vivo –
e quero, cortando suas ondas
que me veja em vez do abismo.

Tudo se sabe da noite
que agora é meu leito e caminho:
sabe a ressacas, polvos, esponjas,
sabe a um grito que mata o sentido.

Está cuspido pela maré
seu peito fiel e com castigo,
está assoviado por gaivotas
e alvo como o ferido
e de tão imóvel, e mudo e ausente,
já não parece nem nascido!

Mas vou à torre do farol,
escalando trechos afiados
pelo homem que vai contar-me
o terrestre e o divino,
e de braçada em braçada para ele levo
jarro de leite, vinho a ser sorvido...

E ele segue escutando mares
que não amam senão a si mesmos.
Mas talvez já nada escute,
por ter parado no sal e no esquecido.

MUERTE DEL MAR

A Doris Dana

Se murió el Mar una noche,
de una orilla a la otra orilla;
se arrugó, se recogió,
como manto que retiran.

Igual que albatrós beodo
y que alimaña huida,
hasta el último horizonte
con diez oleajes corría.

Y cuando el mundo robado
volvió a ver la luz del día,
él era un cuerno cascado
que al grito no respondía.

Los pescadores bajamos
a la costa envilecida,
arrugada y vuelta como
la vulpeja consumida.

El silencio era tan grande
que los pechos oprimía,
y la costa se sobraba
como la campana herida.

Donde él bramaba, hostigado
del Dios que lo combatía,
y replicaba a su Dios
con saltos de ciervo en ira,

MORTE DO MAR

Para Doris Dana

Uma noite o Mar morreu,
de uma margem à outra margem;
enrrugou-se, recolheu-se,
como manto que retiram.

Igual ao albatroz bêbado
e às pragas fugidias,
até o último horizonte
com dez marés corria.

E quando o mundo roubado
voltou a ver a luz do dia,
ele era um chifre carcomido
que ao grito não respondia.

Os pescadores desembarcamos
na costa envilecida,
enrugada e revirada como
a raposa consumida.

O silêncio era tão grande
que os peitos oprimia,
e a costa transbordava
como o sino tangido.

Onde ele bramava, acossado
por Deus que o combatia,
e replicava ao seu Deus
com saltos de cervo ferino,

y donde mozos y mozas
se daban bocas salinas
y en trenza de oro danzaban
sólo el ruedo de la vida,

quedaron las madreperlas
y las caracolas lívidas
y las medusas vaciadas
de su amor y de sí mismas.

Quedaban dunas-fantasmas
más viudas que la ceniza,
mirando fijas la cuenca
de su cuerpo de alegrías.

Y la niebla, manoseando
plumazones consumidas,
y tanteando albatrós muerto,
rondaba como la Antígona.

Mirada huérfana echaban
acantilados y rías
al cancelado horizonte
que su amor no devolvía.

Y aunque el mar nunca fue nuestro
como cordera tundida,
las mujeres cada noche
por hijo se lo mecían.

Y aunque el sueño él volease
el pulpo y la pesadilla,
y al umbral de nuestras casas
los ahogados escupía,

e onde moços e moças
se davam bocas salinas
e em trança de ouro dançavam
apenas o círculo da vida,

ficaram as madrepérolas
e as conchas lívidas
e as medusas esvaziadas
do seu amor e de si mesmas.

Restaram dunas-fantasmas
mais viúvas que a cinza,
fitando fixas a bacia
do seu corpo de alegrias.

E a névoa, acariciando
penas consumidas,
e apalpando albatroz morto,
rondava como a Antígona.

Encarada órfã lançavam
estuários e cantarias
ao cancelado horizonte
que seu amor não devolvia.

E embora o mar nunca tenha sido nosso
como ovelha tosquiada,
as mulheres a cada noite
qual um filho o acudiam.

E embora no sonho ele semeasse
a anêmona e a agonia,
e no umbral de nossas casas
os afogados cuspia,

de no oírle y de no verle
lentamente se moría,
y en nuestras mejillas áridas
sangre y ardor se sumían.

Con tal de verlo saltar
con su alzada de novilla,
jadeando y levantando
medusas y praderías,

con tal de que nos batiese
con sus pechugas salinas,
y nos subiesen las olas
aspadas de maravillas,

pagaríamos rescate
como las tribus vencidas
y daríamos las casas,
y los hijos y las hijas.

Nos jadean los alientos
como al ahogado en mina
y el himno y el peán mueren
sobre nuestras bocas mismas.

Pescadores de ojos fijos
le llamamos todavía,
y lloramos abrazados
a las barcas ofendidas.

Y meciéndolas meciéndolas,
tal como él se les mecía,
mascamos algas quemadas
vueltos a la lejanía,
o mordemos nuestras manos
igual que esclavos escitas.

por não ouvi-lo e não vê-lo
lentamente morria,
e de nossas faces áridas
sangue e ardor vertiam.

Tão só com vê-lo saltar
com seu empinar de novilha,
ofegando e levantando
medusas e pradarias,

tão só com que nos batesse
com suas fibras salinas,
e nos sobrepassasem as ondas
aspadas de maravilhas,

pagaríamos resgate
como as tribos vencidas
e daríamos as casas,
e os filhos e as filhas.

Ofegamos em nossa respiração
como o afogado na mina
e o hino e o peã morrem
sobre nossas bocas mesmas.

Pescadores de olhos fixos
te clamamos ainda,
e choramos abraçados
às barcas ofendidas.

Balançando-as e balançando-as,
tal como ele as balançava,
mascamos algas queimadas
virados para a perdição,
ou mordemos nossas mãos
igual escravos citas.

Y cogidos de las manos,
cuando la noche es venida,
aullamos viejos y niños
como unas almas perdidas:

"¡Talassa, viejo Talassa,
verdes espaldas huidas,
si fuimos abandonados
llámanos a donde existas,

y si estás muerto, que sople
el viento color de Erinna
y nos tome y nos arroje
sobre otra costa bendita,
para contarle los golfos
y morir sobre sus islas".

E agarrados das mãos,
quando a noite é vinda,
uivamos velhos e meninos
como umas almas perdidas:

"Talassa, velho Talassa,
verdes costas fugidias,
se fomos abandonados
chame-nos aonde existas,

e se estás morto, que sopre
o vento cor de Erinna
e nos acuda e nos jogue
sobre outra costa bendita,
para contar novos golfos
e morrer sobre novas ilhas!".

CAÍDA DE EUROPA

A Roger Caillois

Ven, hermano, ven esta noche
a rezar con tu hermana que no tiene
hijo ni madre ni casta presente.
Es amargo rezar oyendo el eco
que un aire vano y un muro devuelven.
Ven, hermano o hermana, por los claros
del maizal antes que caiga el día
demente y ciego, sin saber que pena
la que nunca penó y acribillada
de fuegos y ahogada de humareda
arde la Vieja Madre que nos tuvo
dentro de su olivar y de su viña.

Solamente la Gea americana
vive su noche con olor de trébol,
tomillo v mejorana y escuchando
el rumor de castores y de martas
y la carrera azul de la chinchilla.
Tengo vergüenza de mi Ave rendida
que apenas si revuela por mis hombros
o sube y cae en gaviota alcanzada,
mientras la Madre en aflicción espera,
mirando fija un cielo de azabache
que juega a rebanarle la esperanza
y grita "No eres" a la Vieja Noche.

Somos los hijos que a su madre nombran,
sin saber a estas horas si es la misma
y con el mismo nombre nos responde,
o si mechados de metal y fuego
arden sus miembros llamados Sicilia,
Flandes, la Normandía y la Campania.

QUEDA DA EUROPA

Para Roger Caillois

Vem, irmão, vem esta noite
a rezar com tua irmã que não tem
filho nem mãe nem casta presente.
É amargo rezar ouvindo o eco
que um ar vago e um muro devolvem.
Vem, irmão ou irmã, pelas clareiras
do milharal antes que caia o dia
demente e cego, sem saber a pena
da que nunca penou e crivada
de fogos e afogada de fumaça
queima a Velha Mãe que nos teve
dentro de sua oliveira e de sua vinha.

Somente a Gaia americana
vive sua noite com aroma de trevo,
tomilho e manjerona e escutando
o rumor de castores e de martas
e o rastro azul da chinchila.
Sinto vergonha da minha Ave rendida
que apenas revoa por meus ombros
ou sobe e cai feito gaivota caçada,
enquanto a Mãe em aflição espera,
encarando fixa um céu de azeviche
que brinca de fatiar a esperança
e grita "Não és" para a Velha Noite.

Somos os filhos que nomeiam sua mãe,
sem saber a estas horas se é a mesma
e com o mesmo nome nos responde,
ou se rastilhos de metal e fogo
queimam seus membros chamados Sicília,
Flandres, a Normandia e a Campânia.

Para la compunción y la plegaria
bastan dos palmos de hierbas y de aire.
Hogaza, vino y fruta no acarreen
hasta en el día de leticia y danza
y locos brazos que columpien ramos.
En esta noche, ni mesa punteada
de falerno feliz ni de amapolas;
tampoco el sollozar; tampoco el sueño.

Para a compunção e a litania
bastam dois palmos de relvas e de ar.
Pão, vinho e fruta não carregam
até o dia de letícia e dança
e loucos braços que balançam ramos.
Nesta noite, nem mesa farta
de falerno feliz nem de amapolas;
tampouco o soluçar; tampouco o sonho.

UNA PALABRA

Yo tengo una palabra en la garganta
y no la suelto, y no me libro de ella
aunque me empuje su empellón de sangre.
Si la soltase, quema el pasto vivo,
sangra al cordero, hace caer al pájaro.

Tengo que desprenderla de mi lengua,
hallar un agujero de castores
o sepultarla con cales y cales
porque no guarde como el alma el vuelo.

No quiero dar señales de que vivo
mientras que por mi sangre vaya y venga
y suba y baje por mi loco aliento.
Aunque mi padre Job la dijo, ardiendo
no quiero darle, no, mi pobre boca
porque no ruede y la hallen las mujeres
que van al río, y se enrede a sus trenzas
o al pobre matorral tuerza y abrase.

Yo quiero echarle violentas semillas
que en una noche la cubran y ahoguen
sin dejar de ella el cisco de una sílaba.
O rompérmela así, como la víbora
que por mitad se parte entre los dientes.

Y volver a mi casa, entrar, dormirme,
cortada de ella, rebanada de ella,
y despertar después de dos mil días
recién nacida de sueño y olvido.

UMA PALAVRA

Eu tenho uma palavra na garganta
e não a solto, e dela não me livro
ainda que me arraste seu empurrão de sangue.
Se a soltasse, queimaria o pasto vivo,
sangraria o cordeiro, faria cair o pássaro.

Tenho de desprendê-la da minha língua,
encontrar uma toca de castores
ou sepultá-la com cal e mais cal
para que não guarde como a alma o voo.

Não quero dar sinais de que vivo
enquanto que por meu sangue venha e vá
e suba e baixe por meu louco alento.
Ainda que meu pai Jó a tenha dito, ardendo
não quero dar-lhe, não, minha pobre boca
para que não rodeie e a encontrem as mulheres
que vão ao rio, e se enrede em suas tranças
ou ao pobre matagal retorça e abrase.

Eu quero lançar sobre ela violentas sementes
que em uma noite a cubram e afoguem
sem deixar dela o cisco de um sílaba.
Ou destroçá-la assim, como a víbora
que ao meio se divide com os dentes.

E voltar para minha casa, entrar, adormecer,
separada dela, fatiada dela,
e despertar depois de dois mil dias
recém-nascida do sonho e do esquecimento.

¡Sin saber más que tuve una palabra
de yodo y piedra-alumbre entre los labios
ni saber acordarme de una noche,
de una morada en país extranjero,
de la celada y el rayo a la puerta
y de mi carne marchando sin su alma!

Sem mais saber que tive uma palavra
de iodo e pedra-ume entre os lábios
nem saber despertar-me de uma noite,
de uma morada em país estrangeiro,
da cilada e do raio à porta
e de minha carne vagando sem sua alma!

MADRE MÍA

I

Mi madre era pequeñita
como la menta o la hierba;
apenas echaba sombra
sobre las cosas, apenas,
y la Tierra la quería
por sentírsela ligera
y porque le sonreía
en la dicha y en la pena.

Los niños se la querían,
los viejos y la hierba;
la luz que ama la gracia,
la busca y la corteja.

A causa de ella será
este amar lo que no se alza,
lo que sin rumor camina
y silenciosamente habla:
las hierbas aparragadas
y el espíritu del agua.

¿A quién se lo estoy contando
desde la Tierra extranjera?
A las mañanas la digo
para que se le parezcan:
y en mi ruta interminable
voy contándola a la Tierra.

Y cuando es que viene y llega
una voz que lejos canta,
perdidamente la sigo,
y camino sin hallarla.

MINHA MÃE

I

Minha mãe era pequenininha
como o hortelã ou a relva;
mal lançava sombra
sobre as coisas, mal lançava,
e a Terra a amava
por senti-la ligeira
e porque lhe sorria
na alegria e na tristeza.

Os meninos a adoravam,
os velhos e a relva;
a luz que ama a graça,
a procura e a corteja.

Por causa dela será
este amor pelo que não se ergue,
pelo que sem rumor caminha
e silenciosamente fala:
as relvas atarracadas
e o espírito da água.

Para quem estou contando isto
aqui na Terra estrangeira?
Digo isto pelas manhãs
para que se pareçam:
e em minha rota interminável
vou narrando-a para a Terra.

E quando assim vem e chega
uma voz que de longe canta,
perdidamente a sigo,
e caminho sem encontrá-la.

¿Por qué la llevaron tan
lejos que no se la alcanza?
¿Y si me acudía siempre
por qué no responde y baja?

¿Quién lleva su forma ahora
para salir a encontrarla?
Tan lejos camina ella que
su aguda voz no me alcanza.
Mis días los apresuro
como quien oye llamada.

Esta noche que está llena
de ti, sólo a ti entregada,
aunque estés sin tiempo tómala,
siéntela, óyela, alcánzala.
Del día que acaba queda
nada más que espera y ansia.

II

Algo viene de muy lejos,
algo acude, algo adelanta;
sin forma ni rumor viene
pero de llegar no acaba.
¿Y aunque viene así de recta
por qué camina y no alcanza?

Eres tú la que camina,
en lo leve y en lo cauta.
Llega, llega, llega al fin,
la más fiel y más amada.
¿Qué te falta donde moras?
¿Es tu río, es tu montaña?
¿O soy yo misma la que
sin entender se retarda?

Por que a levaram tão
longe que não se é de alcançar?
E se me acudia sempre
por que não responde e desce?

Quem carrega sua forma agora
para sair e encontrá-la?
Tão distante ela anda que
sua aguda voz não me alcança.
Meus dias, eu os apresso
como quem ouve um chamado.

Nesta noite que está cheia
de ti, apenas a ti oferecida,
embora estejas sem tempo para aceitá-la,
prova, escuta, toca.
Do dia que termina resta
nada mais que ânsia e espera.

II

Algo vem de muito longe,
algo acode, algo se adianta;
sem forma nem rumor vem
mas de chegar não acaba.
E embora venha assim expressa
por que caminha e não alcança?

És tu a que caminha,
na leveza e na cautela.
Chega, chega, chega ao fim,
a mais fiel e a mais amada.
O que te falta onde moras?
Teu rio, tua montanha?
Ou sou eu mesma a que
sem entender se retarda?

No me retiene la Tierra
ni el Mar que como tú canta;
no me sujetan auroras
ni crepúsculos que fallan.

Estoy sola con la Noche,
la Osa Mayor, la Balanza,
por creer que en esta paz
puede viajar tu palabra
y romperla mi respiro
y mi grito ahuyentarla.

Vienes, madre, vienes, llegas,
también así, no llamada.
Acepta el volver a ver
y oír la noche olvidada
en la cual quedamos huérfanos
y sin rumbo y sin mirada.

Padece pedrusco, escarcha,
y espumas alborotadas.
Por amor a tu hija acepta
oír búho y marejada,
pero no hagas el retorno
sin llevarme a tu morada.

III

Así, allega, dame el rostro,
y una palabra siseada.
Y si no me llevas, dura
en esta noche. No partas,
que aunque tú no me respondas
todo esta noche es palabra:
rostro, siseo, silencio
y el hervir la Vía Láctea.

A Terra não me retém
nem o Mar que como tu canta;
não me sujeitam auroras
nem crepúsculos que falham.

Estou só com a Noite,
a Ursa Maior, a Balança,
por acreditar que nesta paz
pode viajar tua palavra
e quebrá-la minha respiração
e meu grito afugentá-la.

Vens, mãe, vens, chegas,
também assim, não chamada.
Aceita voltar a ver
e ouvir a noite esquecida
na qual ficamos órfãos
e sem rumo e sem visão.

Padece penhasco, geada,
e espumas alvoroçadas.
Por amor a tua filha aceita
ouvir coruja e marulhada,
mas não faças o retorno
sem me levar para tua morada.

III

Assim, achegada, dá-me o rosto,
e uma palavra sibilada.
E se não me levas, dura
nesta noite. Não partas,
pois mesmo sem que me respondas
toda esta noite é palavra:
rosto, sibilar, silêncio
e o fervor da Via Láctea.

Así... Así... Más todavía.
Dura, que no ha amanecido.
Tampoco es noche cerrada.
Es adelgazarse el tiempo
y ser las dos igualadas
y volverse la quietud
tránsito lento a la Patria.

IV

Será esto, madre, di,
la Eternidad arribada,
el acabarse los días
y ser el siglo nonada,
y entre un vivir y un morir
no desear, de lo asombradas.
¿A qué más si nos tenemos
ni tardías ni mudadas?

¿Cómo esto fue, cómo vino,
cómo es que dura y no pasa?
No lo quiero demandar;
voy entendiendo, azorada,
con lloro y con balbuceo
y se funden las palabras
que me diste y que me dieron
en una sola y ferviente:
-"¡Gracias, gracias, gracias, gracias!"

Assim..., assim... Mais ainda.
Dura, pois não amanheceu.
Tampouco é noite cerrada.
É debilitar o tempo
e ser as duas igualadas
e transformar a quietude
em lento trânsito para a Pátria.

IV

Será isto, mãe, diz,
a Eternidade atracada,
o término dos dias
e o ser do século nonada,
e entre um viver e morrer
não desejar, de tão assombradas.
Para que mais se nos temos
nem tardias nem mudadas?

Como isto ocorreu, como veio,
como é que dura e não passa?
Não quero importunar;
vou entendendo, atordoada,
com choro e com balbucio
e se dissolvem as palavras
que me deste e que me deram
em uma só e fervente:
"Graças, graças, graças, graças!"

MANOS DE OBREROS

Duras manos parecidas
a moluscos o alimañas;
color de humus o sollamadas
con un sollamo de salamandra,
y tremendamente hermosas
se alcen frescas o caigan cansadas.

Amasa que amasa los barros,
tumba y tumba la piedra ácida
revueltas con nudos de cáñamo
o en algodones avergonzadas,
miradas ni vistas de nadie
solo de la Tierra mágica.

Parecidas a sus combos
o a sus picos, nunca a su alma;
a veces en ruedas locas,
como el lagarto rebanadas,
y después, Árbol-Adámico
viudo de sus ramas altas.

Las oigo correr telares;
en hornos las miro abrasadas.
El yunque las deja entreabiertas
y el chorro de trigo apuñadas.

Las he visto en bocaminas
y en canteras azuladas.
Remaron por mí en los barcos,
mordiendo las olas malas,
y mi huesa la harán justa
aunque no vieron mi espalda... ·

MÃOS DE OPERÁRIOS

Duras mãos parecidas
com moluscos ou traças;
cor de húmus ou esturricadas
com uma queimadura de salamandra,
e tremendamente lindas
se ergam frescas ou caiam cansadas.

Amassa que amassa os barros,
tomba e tomba a pedra ácida
reviradas com nós de cânhamo
ou em algodões encabuladas,
por ninguém encaradas nem vistas
apenas pela Terra mágica.

Parecidas com suas marretas
ou talhadeiras, nunca com sua alma;
às vezes em rodeios loucos,
como a lagarta decepada,
e depois, Árvore-Adâmica
viúvo de suas ramas altas.

Eu as ouço trançando teares;
em fornos as vejo abrasadas.
A bigorna as deixa entreabertas
e o fardo de trigo apinhadas.

Em bocas de minas as vi
e em pedreiras azuladas.
Remaram por mim nos barcos,
mordendo as ondas malignas,
e minha fossa a farão justa
ainda que sem ver minhas costas...

A cada verano tejen
linos frescos como el agua.
Después encardan y peinan
el algodón y la lana,
y en las ropas de los niños
y de los héroes, cantan.

Todas duermen de materias
y señales garabateadas.
Padre Zodíaco las toca
con el Toro y la Balanza.

¡Y cómo, dormidas, siguen
cavando o moliendo caña,
Jesucristo las toma y retiene
entre las suyas hasta el Alba!

A cada verão tecem
linhos frescos como a água.
Depois destrinçam e escovam
o algodão e a lã,
e nas roupas dos meninos
e dos heróis, cantam.

Todas dormem riscadas
de matérias e sinais.
O Zodíaco Pai as toca
com o Touro e a Balança.

E como, adormecidas, seguem
cavando ou moendo cana,
Jesus Cristo as acolhe e as retém
entre as suas até o Alvorecer!

PROCESIÓN INDIA

Rosa de Lima, hija de Cristo
Y Domingo el Misionero,
que sazonas a la América
con Sazón que da tu cuerpo:
vamos en tu procesión
con gran ruta y grandes sedes,
y con el nombre de "Siempre",
y con el signo de "Lejos".

Y caminamos cargando
con fatiga y sin lamento
unas bayas que son veras
y unas frutas que son cuento:
el mamey, la granadilla,
la pitahaya, el higo denso.

Va la vieja procesión,
en anguila que es de fuego,
por los filos de los Andes
vivos, santos y tremendos,
llevando alpaca y vicuña
y callados llamas lentos,
para que tú nos bendigas
hijos, bestias y alimentos.

Polvo da la procesión
y ninguno marcha ciego,
pues el polvo se parece
a la niebla de tu aliento
y tu luz sobre los belfos
da zodíacos ardiendo.

PROCISSÃO INDÍGENA

Rosa de Lima, filha de Cristo
e Domingo, o Missionário,
que maduras a América
com Sabor que dá teu corpo:
vamos em tua procissão
com grande trecho e grandes sedes,
e com o nome de "Sempre",
e com o signo da "Distância".

E caminhamos carregados
com fadiga e sem lamento
umas bagas que são veras
e uns frutos que são lenda:
o mamão, a romã,
a pitaia, o figo denso.

Vai a velha procissão,
feito enguia de fogo,
pelos cumes dos Andes
vivos, santos e monumentais,
arrastando alpaca e vicunha
e caladas lhamas lentas,
para que tu nos bendigas
filhos, animais e alimentos.

Pó levanta a procissão
e ninguém avança cego,
pois o pó é parecido
com a névoa da tua respiração
e tua luz sobre as bocarras
pinta zodíacos incandescendo.

De la sierra embalsamada
cosas puras te traemos:
y pasamos voleando
árbol-quina y árbol-cedro,
y las gomas con virtudes
y las hierbas con misterios.

Santa Rosa de la Puna
y del alto ventisquero:
te llevamos nuestras marchas
en collares que hace el tiempo;
las escarchas que da junio,
los rescoldos que da enero.
De las puertas arrancamos
a los mozos y a los viejos
y en la cobra de la sombra
te llevamos a los muertos.

Abre, Rosa, abre los brazos,
alza tus ojos y venos.
Llama aldeas y provincias;
haz en ellas el recuento
¡y se vean las regiones
extendidas en tu pecho!

El anillo de la marcha
nunca, Madre, romperemos
en el aire de la América
ni en el abra de lo Eterno.
Al dormir tu procesión
continúe en nuestro sueño
y al morirnos la sigamos
por los Andes de los Cielos.

Da serrra embalsamada
coisas puras te trazemos:
e passamos semeando
árvore-quina e árvore-cedro,
e as resinas com virtudes
e as ervas com mistérios.

Santa Rosa de la Puna
e da alta nevasca:
te levamos nossas marchas
em colares que faz o tempo;
as geadas que dá junho,
os rescaldos que dá janeiro.
Dos portões arrancamos
os moços e os velhos
e na cobra da sombra
te levamos aos mortos.

Abre, Rosa, abre os braços,
ergue teus olhos e veios.
Chama aldeias e províncias;
faz nelas o reconto
e que se vejam as regiões
estendidas no teu peito!

O anel da marcha
nunca, Mãe, quebraremos
no ar da América
nem na abertura para o Eterno.
Ao dormir tua procissão
que continue em nosso sonho
e ao morrermos que a sigamos
pelos Andes dos Céus.

RECADO TERRESTRE

Padre Goethe, que estás sobre los cielos,
entre los Tronos y Dominaciones
y duermes y vigilas con los ojos
por la cascada de tu luz rasgados:
si te liberta el abrazo del Padre,
rompe la Ley y el cerco del Arcángel,
y aunque te den como piedra de escándalo,
abandona los coros de tu gozo,
bajando en ventisqueros derretido
o albatrós libre que llega devuelto.

Parece que te cruza, el Memorioso,
la vieja red de todas nuestras rutas
y que te acuden nombres sumergidos
para envolverte en su malla de fuego:
Tierra, Deméter, y Gea y Prakriti.
Tal vez tú nos recuerdes como a fábula
y, con el llanto de los trascordados,
llores recuperando al niño tierno
que mamó leches, chupó miel silvestre,
y quebró conchas y aprendió metales.

Tú nos has visto en hora de sol lacio
y el Orión y la Andrómeda disueltos
acurrucarnos bajo de tu cedro,
parecidos a renos atrapados
o a bisontes cogidos del espanto.

Somos, como en tu burla visionaria,
la gente de la boca retorcida
por lengua bífida, la casta ebria
del "sí" y el "no", la unidad y el divorcio,
aun con el Fraudulento mascullando
miembros tiznados de palabras tuyas.

RECADO TERRESTRE

Pai Goethe, que estais sobre os céus,
entre Trovões e Dominações
e dormes e vigias com os olhos
arregalados pelas cataratas de tua luz:
se o abraço do Pai te liberta,
quebra a Lei e o cerco do Arcanjo,
e ainda que te deem por pedra de tropeço,
abandona os coros do teu gozo,
pousando em nevascas derretido
ou albratroz livre que arremetido chega.

Parece que te atravessa, o Memorioso,
a velha rede de todos nossos trechos
e que te acodem nomes submergidos
para envolver-te em sua malha de fogo:
Terra, Deméter, e Gaia e Prakriti.
Talvez nos recordes como a fábula
e, como o pranto dos desmemoriados,
chores recuperando o menino terno
que mamou leites, chupou mel silvestre,
e quebrou conchas e usinou metais.

Já nos viste em horas de sol mirrado
e o Órion e a Andrômeda desunidos
acocorados sob teu cedro,
parecidos com renas capturadas
ou com bisões agarrados por espanto.

Somos, como em tua troça visionária,
a raça da boca retorcida
pela língua bífida, a casta ébria
do "sim" e do "não", a unidade e o divórcio,
mesmo com o Fraudulento ruminando
membros encardidos por tuas palavras.

Todavía vivimos en la gruta
la luz verde sesgada de dolo,
donde la Larva procrea sin sangre
y funden en Madrépora los pólipos.
Y hay todavía en grasas de murciélago
y en plumones morosos de lechuzas,
una noche que quiere eternizarse
para mascar su betún de tiniebla.

Procura distinguir tu prole lívida
medio Cordelia loca y medio Euménide.
Todo hallarás igual en esta gruta
nunca lavada de salmuera acérrima.
Y vas a hallar, Demiurgo, cuando marches,
bajo cubo de piedra, la bujeta
donde unos prueban mostaza de infierno
en bizca operación de medianoche.

Pero será por gracia de este día
que en el percal de los aires se hace
paro de viento, quiebro de marea.
Como que quieres permear la Tierra,
sajada en res, con tu río de vida,
y desalteras al calenturiento
y echas señales al apercibido.
Y vuela el aire un guiño de respuesta
un sí-es no-es de albricias, un vilano,
y no hay en lo que llega a nuestra carne
tacto ni sacudida que conturben,
sino un siseo de labio amoroso
más delgado que silbo: apenas habla.

Ainda vivemos na caverna
a luz verde distorcida por dolo,
onde a Larva procria sem sangue
e funde em Madrépora os pólipos.
E há ainda em gorduras de morcego
e em morosas penas de corujas,
uma noite que quer eternizar-se
para mascar seu betume de treva.

Procura distinguir tua prole lívida
metade Cordélia louca metade Euménide.
Tudo encontrarás igual nesta caverna
jamais lavada por salmora acérrima.
E vais encontrar, Demiurgo, quando andes,
sob cubo de pedra, o recipiente
onde uns provam mostarda do inferno
em míope operação da meia-noite.

Mas será pela graça deste dia
que no farrapo dos ares se faz
barreira ao vento, quebrada à maré.
Como o que queres é permear a Terra,
feito punção em rês, com teu rio de vida,
desencorajas o enfurecido
e emites sinais para o prevenido.
E o vento sopra uma insinuação de resposta
um sim-é não-é de glórias, um vilão,
e não há no que chega à nossa carne
tato nem sacudida que conturbem,
mas sim um chiar de lábio amoroso
mais fino que um assovio: apenas fala.

Poema de Chile [1967]

Poema do Chile

HALLAZGO

Bajé por espacio y aires
y más aires, descendiendo,
sin llamado y con llamada
por la fuerza del deseo,
y a más que yo caminaba
era el descender más recto
y era mi gozo más vivo
y mi adivinar más cierto,
y arribo como la flecha
este mi segundo cuerpo
en el punto en que comienzan
Patria y Madre que me dieron.

¡Tan feliz que hace la marcha!
Me ataranta lo que veo,
lo que miro o adivino,
lo que busco y lo que encuentro;
pero como fui tan otra
y tan mudada regreso,
con temor ensayo rutas,
peñascales y repechos,
el nuevo y largo respiro,
los rumores y los ecos.

O fue loca mi partida
o es loco ahora el regreso;
pero ya los pies tocaron
bajíos, cuestas, senderos,
gracia tímida de hierbas
y unos céspedes tan tiernos
que no quisiera doblarlos
ni rematar este sueño
de ir sin forma caminando
la dulce parcela, el reino ›

DESCOBERTA

Desci por espaço e ares
e mais ares, descendo,
sem chamado mas convocada
pela força do desejo,
e por mais que eu caminhasse
era o declínio mais reto
e era meu gozo mais vivo
e meu adivinhar mais certo,
e alço como a flecha
este meu segundo corpo
no ponto em que começam
Pátria e Mãe que me deram.

Tão feliz que faz a marcha!
Me atordoa o que vejo,
o que espreito ou adivinho,
o que procuro e o que encontro;
mas como fui tão outra
e tão mudada regresso,
com temor ensaio trechos,
penhascos e desfiladeiros,
o novo e farto respiro,
os rumores e os ecos.

Ou foi louca minha partida
ou agora é louco o regresso;
mas já os pés tocaram
baixios, costas, trilhas,
graça tímida das relvas
e uns gramados tão meigos
que jamais quis dobrá-los
nem rematar este sonho
de ir sem forma caminhando
a doce parcela, o reino ›

que me tuvo sesenta años
y me habita como un eco.

Iba yo, cruza-cruzando
matorrales, peladeros,
topándome ojos de quiscos
y escuadrones de hormigueros
cuando saltaron de pronto,
de un entrevero de helechos,
tu cuello y tu cuerpecillo
en la luz, cual pino nuevo.

Son muy tristes, mi chiquito,
las rutas sin compañero:
parecen largo bostezo,
jugarretas de hombre ebrio.
Preguntadas no responden
al extraviado ni al ciego
y parecen la Canidia
que sólo juega a perdernos.
Pero tú les sabes, sí,
malicias y culebreos...

Vamos caminando juntos
así, en hermanos de cuento,
tú echando sombra de niño,
yo apenas sombra de helecho...
(¡Qué bueno es en soledades
que aparezca un Ángel-ciervo!).

Vuélvete, pues, huemulillo,
y no te hagas compañero
de esta mujer que de loca
trueca y yerra los senderos,
porque todo lo ha olvidado,
menos un valle y un pueblo.
El valle lo mientan "Elqui"
y "Montegrande" mi dueño.

que me teve por sessenta anos
e me habita como um eco.

Ia eu, aro-arando
matagais, baldios,
tropeçando em poços de cactos
e esquadrões de formigueiros
quando despontaram do nada,
de um entrevero de samambaias,
teu pescoço e teu corpinho
na luz, qual pinho novo.

São muito tristes, meu menino,
os trechos sem companheiro:
parecem longo bocejo,
trapaças de homem ébrio.
Perguntados não respodem
ao extraviado nem ao cego
e imitam a Canidia
que só cuida de nos perder.
Mas a ti não enganam, não,
malícias nem peçonhas...

Vamos caminhando juntos
assim, como irmãos de fábula,
fazendo a tua sombra de menino,
eu apenas sombra de samabaias...
(Que bom é ver na solidão
aparecer um Anjo-cervo!).

Volta, então, pequeno cervo,
e não te faças companheiro
desta mulher que tão louca
retruca e erra os trechos,
porque tudo fez esquecer,
menos um vale e um povoado.
O vale é nomeado "Elqui"
e "Montegrande" meu dono.

Naciste en el palmo último
de los Incas, Niño-Ciervo,
donde empezamos nosotros
y donde se acaban ellos;
y ahora que tú me guías
o soy yo la que te llevo
¡qué bien entender tú el alma
y yo acordarme del cuerpo!

Bien mereces que te lleve
por lo que tuve de reino.
Aunque lo dejé me tumba
en lo que llaman el pecho,
aunque ya no lleve nombre
ni dé sombra caminando,
no me oigan pasar las huertas
ni me adivinen los pueblos.

Cómo me habían de ver
los que duermen en sus cerros
el sueño maravilloso
que me han contado mis muertos.
Yo he de llegar a dormir
pronto de su sueño mismo
que está doblado de paz,
mucha paz y mucho olvido,
allá donde yo vivía,
donde río y monte hicieron
mi palabra y mi silencio
y Coyote ni Coyote
hielos ni hieles me dieron.

¿Qué año o qué día moriste
y por qué cruzas sonámbula
la casa, la huerta, el río,
sin saberte sepultada?
Ve más lejos, sólo un poco ›

Nasceste no último palmo
dos Incas, Menino-Cervo,
onde nós começamos
e onde eles findam;
e agora que tu me guias
ou sou eu a que te levo
faz bem que entendas da alma
enquanto me lembro do corpo!

Bem mereces que te leve
pelo que tive de reino.
Embora o que deixei em mim descansa
nisto que chamam de peito,
embora já não carregue nome
nem faça sombra caminhando,
não me ouçam cruzar as hortas
nem me adivinhem os vilarejos.

Como haveriam de ver
os que dormem em seus cerros
o sonho maravilhoso
que me contaram meus mortos.
Hei de poder dormir
em breve de seu sonho próprio
que está sobrepassado de paz,
muita paz e muito esquecimento,
lá onde eu vivia,
onde rio e monte fizeram
minha palavra e meu silêncio
e Coiote nem Coiote
gelos e féis me deram.

Em que ano e em que noite morreste
e por que cruzas sonâmbula
a casa, a horta, o rio,
sem saber-te sepultada?
Vê mais longe, só um pouco >

más, donde está tu morada,
al lugar adonde miras
y te retardas, quedada.
No respondas a los vivos
con voz rota y sin mirada.

Se murieron tus amigos,
te dejaron tus hermanas
y te mueres sin morir
de ti misma trascordada,
y sueles interrogarnos
sobre tu nombre y tu patria.

Llegas, llegas a nosotros
desde una estrella ignorada,
preguntando nuestros nombres,
nuestro oficio, nuestras casas.
Eres y no eres; callamos
y partes, sin dar, hermana,
tu patria y tu nombre nuevos,
tu Dios y tu ruta larga,
para alcanzar hasta ellos,
hermana perdida, Hermana.

mais, onde está tua morada,
o lugar para onde olhas
e te retardas, paralisada.
Não respondas aos vivos
com voz quebrada e sem mirada.

Teus amigos morreram,
tuas irmãs te deixaram
e morres sem morrer
de ti mesma deslembrada,
e costumas interrogar-nos
sobre teu nome e tua pátria.

Chegas, chegas até nós
a partir de uma estrela ignorada,
perguntando nossos nomes,
nosso ofício, nossas casas.
És e não és; calamos
e partes, sem dar, irmã,
tua pátria e teu nome novos,
teu Deus e tua jornada,
para chegar até eles,
irmã perdida, Irmã.

NOCHE DE METALES

Dormiremos esta noche
sueño de celestes dejos
sobre la tierra que fue
mía, del indio y del ciervo,
recordando y olvidando
a turnos de habla y silencio.

Pero todos los metales,
sonámbulos o hechiceros,
van alzándose y viniendo
a raudales de misterio
—hierro, cobre, plata, radium—
dueños de nosotros, dueños.

Son lameduras azules
que da la plata en los pechos,
son llamaradas de cobre
que nos trepan en silencio
y lanzadas con que punza
a las tres sangres, el hierro.

Por confortarnos los pies
vagabundos, y aprenderse
nuestros flancos y afirmarnos
los corazones sin peso,
los tres del miedo ganados,
los tres de noche indefensos.

Y la noche se va entera
en este combate incruento
de metales que se allegan
buscando, hallando, mordiendo
lo profundo de la esencia
y la nuez dura del sueño.

NOITE DE METAIS

Esta noite dormiremos
sonhos de celestes dicções
sobre a terra que foi
minha, do índio e do cervo,
recordando e esquecendo
em turnos de fala e silêncio.

Mas todos os metais,
sonâmbulos ou feiticeiros,
vão despontando e vindo
em caudais de mistério
– ferro, cobre, prata, silício –
donos nossos, donos.

São labaredas azuis
que a prata deita nos peitos,
são chamaradas de cobre
trepando por nós em silêncio
e lançadas qual punção
aos três sangues, o ferro.

Por nos confortar os pés
vagabundos, e apreender
nossos flancos e nos assegurar
os corações sem peso,
os três para o medo ganhados,
os três da noite indefesos.

E a noite se vai inteira
neste combate não sangrento
de metais que se acercam
procurando, encontrando, mordendo
o profundo da essência
e a noz dura do sonho.

Al fin escapan huidos
en locos filibusteros
y seguimos la jornada
cargando nuestro secreto,
arcangélicos y rápidos
de haber degollado el miedo.

Liberados caminamos
como los raudales frescos,
sin acidia y sin cansancio,
ricos de origen y término,
por la nocturna merced
de los Andes Arcangélicos
que dentro de su granada
impávidos nos tuvieron.

Vamos cargando su amor
como un amianto en el pecho,
como la casta y el nombre,
como la llama en silencio
que no da chisporroteo
y según nuestros orígenes,
despeñados de lo Eterno.

Por fim escapam fugidios
em loucos flibusteiros
e seguimos a jornada
carregando nosso segredo,
arcangélicos e ligeiros
por haver degolado o medo.

Libertos caminhamos
como os caudais frescos,
sem acídia e sem cansaço,
ricos por origem e término,
pela noturna dádiva
dos Andes Arcangélicos
que dentro da sua granada
impávidos nos tiveram.

Vamos carregando seu amor
como um amianto no peito,
com a casta e o nome,
como a chama em silêncio
que não faz crepiteios
e segundo nossas origens,
despenhados do Eterno.

EL MAR

—Mentaste, Gabriela, el Mar
que no se aprende sin verlo
y esto de no saber de él
y oírmelo sólo en cuento,
esto, mama, ya duraba
no sé contar cuánto tiempo.
Y así de golpe y porrazo,
él, en brujo marrullero,
cuando ya ni hablábamos de él,
apareció en loco suelto.

Y ahora va a ser el único:
ni viñas ni olor de pueblos,
ni huertas ni araucarias,
sólo el gran aventurero.
Déjame, mama, tenderme,
para, para, que estoy viéndolo.
¡Qué cosa bruja, la mama!
y hace señas entendiendo.
Nada como ese yo he visto.
Para, mama, te lo ruego.
¿Por qué nada me dijiste
ni dices? Ay, dime, ¿es cuento?

—Nadie nos llamó de tierra
adentro: sólo éste llama.
—¡Qué de alboroto y de gritos
que haces volar las bandadas!
Calla, quédate, quedemos,
échate en la arena, mama.
Yo no te voy a estropear
la fiesta, pero oye y calla.

O MAR

– Nomeaste, Gabriela, o Mar
que não se aprende sem vê-lo
e isto de não saber dele
e dele apenas ouvir em fábula,
isto, maezinha, já durava
não sei dizer quanto tempo.
E assim, sem mais nem menos,
ele, em blefe feiticeiro,
quando já dele nem falávamos,
apareceu feito louco desatado.

E agora vai ser o único:
nem vinhedos nem cheiro a povoados,
nem hortas nem araucárias,
apenas o grande aventureiro.
Mãezinha, deixa que eu me pendure,
para, para, que estou vendo ele.
Que coisa mágica, mãezinha!
e faz sinais entendendo.
Nunca vi nada como esse.
Para, mãezinha, te imploro.
Por que nunca me disseste
nem dizes? Ai, me diz: é conto?

– Ninguém nos chamou da terra
adentro: apenas este chama.
– Com tanto alvoroço e gritos
fazes voar as bandadas!
Caladinha, fica quieta, fiquemos,
deita na areia, mãezinha.
Com tua festa eu não quero
acabar, mas ouve e cala.

¡Ay, qué feo que era el polvo,
y la duna qué agraciada!

—Échate y calla, chiquito,
míralo sin dar palabra.
Óyele él habla bajito,
casi casi cuchicheo.

—Pero, ¿qué tiene, ay, qué tiene
que da gusto y que da miedo?
Dan ganas de palmotearlo
braceando de aguas adentro
y apenas abro mis brazos
me escupe la ola en el pecho.
Es porque el pícaro sabe
que yo nunca fui costero.
O es que los escupe a todos
y es Demonio. Dilo luego.

Ay, mama, no lo vi nunca
y, aunque me está dando miedo,
ahora de oírlo y verlo,
me dan ganas de quedarme
con él, nada más, con él,
ni con gentes ni con pueblos.

Ay, no te vayas ahora,
mama, que con él no puedo.
Antes que llegue, ya escupe
con sus huiros el soberbio.

—Primero, óyelo cantar
y no te cuentes el tiempo.
Déjalo así, que él se diga
y se diga como un cuento.

Ai, que feio que era o pó,
e a duna que abençoada!

– Deita e te cala, pacotinho,
contempla sem um pio.
Escuta como ele fala baixinho,
quase quase cochichando.

– Mas o que tem ele, o que tem
que encanta e também espanta?
Dá vontade de apalpá-lo
dando braçadas água adentro
e mal abro meus braços
a onda cospe no meu peito.
É porque o espertalhão sabe
que nunca fui praieiro.
Ou talvez cuspa em todos
e é Demônio. Diz logo.

Ai, mãezinha, nunca vi igual
e, se bem que está me dando medo,
agora que ele ouço e vejo,
tenho vontade de ficar
com ele, com ninguém mais, só com ele,
nem com gente nem com vilarejos.

Ai, não vai embora agora,
mãezinha, que com ele não posso.
Antes que chegue, já cospe
com suas algas, esse soberbo.

– Primeiro, ouve ele cantar
e não contes o tempo.
Deixa ser assim, que ele se diga
e se diga como uma história.

Él es tantas cosas que
ataranta a niño y viejo.
Hasta es la canción de cuna
mejor que a los niños duerme.
Pero yo no me la tuve,
tú tampoco, mi pequeño.
Míralo, óyelo y verás:
sigue contando su cuento.

Ele é tantas coisas que
atordoa crianças e velhos.
Até é a canção de ninar
que melhor adomece os meninos.
Mas eu nunca a ouvi,
tu tampouco, meu pequeno.
Vê, ouve, verás:
segue contando sua história.

SALTO DEL LAJA

A Radomiro Tomic

Salto del Laja, viejo tumulto,
hervor de las flechas indias,
despeño de belfos vivos,
majador de tus orillas.

Avientas las rocas, rompes
tu tesoro, te avientas tú mismo,
y por vivir y por morir,
agua india, te precipitas.

Cae y de caer no acaba
la cegada maravilla,
cae el viejo fervor terrestre,
la tremenda Araucanía.

Juegas cuerpo y juegas alma;
caes entera, agua suicida;
caen contigo los tiempos,
caen gozos con agonías,
cae la mártir indiada,
y cae también mi vida.

Las bestias cubres de espumas;
ciega las liebres tu neblina,
y hieren cohetes blancos
mis brazos y mis rodillas.

Te oyen caer los que talan,
los que hacen pan o que caminan,
los que duermen no están muertos,
o dan su alma o cavan minas
o en los pastos y las lagunas
cazan el coipo y la chinchilla.

QUEDA DO LAJA

Para Radomiro Tomic

Queda do Laja, velho tumulto,
fervor de flechas índias,
despenho de bocarras vivas,
moendeiro de tuas margens.

Pulverizas as rochas, quebras
teu tesouro, te pulverizas a ti mesmo,
e para viver e para morrer,
água índia, te precipitas.

Cai e de cair não termina
a cega maravilha,
cai o velho fervor terrestre,
a monumental Araucania.

Lanças corpo e lanças alma;
cais inteira, água suicida;
caem contigo os tempos,
caem gozos com agonias,
cai a mártir indiada,
e cai também minha vida.

Cobres os animais de espumas;
tua neblina cega as lebres,
e fogos brancos ferem
meus braços e minhas rótulas;

Te ouvem cair os que talam,
os que fazem pão ou que caminham,
os que dormem não estão mortos,
ou dão sua alma ou cavam minas
ou nos pastos e nas lagoas
caçam o coipú e a chinchila.

Cae el ancho amor vencido,
medio dolor, medio dicha,
en un ímpetu de madre
que a sus hijos encontraría.

Y te entiendo y no te entiendo,
Salto del Laja, vocería,
vaina de antiguos sollozos
y aleluya que cae rendida.

Salto del Laja, pecho blanco
y desgarrado, Agua Antígona,
mundo cayendo sin derrota,
Madre, cayendo sin mancilla.

Me voy con el río Laja,
me voy con las locas víboras,
me voy por el cuerpo de Chile;
doy vida y voluntad mías;
juego sangre, juego sentidos
y me entrego, ganada y perdida.

Cai o vasto amor vencido,
metade dor, metade felicidade,
com um ímpeto de mãe
que aos filhos acolheria.

E te entendo e não te entendo,
Queda do Laja, algaravia,
bainha de antigos soluços
e aleluia que cai rendida.

Queda do Laja, peito alvo
e dilacerado, Água Antígona,
mundo caindo sem derrota,
Mãe, caindo sem mácula.

Parto com o rio Laja,
parto com as loucas víboras,
parto pelo corpo do Chile;
dou vida e vontade minhas;
lanço sangue, lanço sentidos
e me entrego, ganhada e perdida.

SELVA AUSTRAL

Algo se asoma y gestea
y de vago pasa a cierto,
un largo manchón de noche
que nos manda llamamientos
y forra el pie de los Andes
o en hija los va subiendo...

Aunque taimada, la selva
va poco a poco entreabriéndose,
y en rasgando su ceguera,
ya por nuestra la daremos.

Caen copihues rosados
atarantándome al ciervo
y los blancos se descuelgan
con luz y estremecimiento.

Ella, con gestos que vuelan,
se va a sí misma creciendo;
se alza, bracea, se abaja,
echando, oblicuo, el ojeo;
sobre apretadas aurículas
y otras hurta, con recelo,
y así va, la Marrullera,
llevándonos magia adentro.

SELVA AUSTRAL

Algo que desponta e gesticula
e de vago passa a certo,
um longo borrão de noite
que nos envia chamados
e forra o pé dos Andes
ou filha que por eles vai subindo...

Embora ardilosa, a selva
de pouco a pouco vai se abrindo;
e então rasgando sua cegueira,
já por nossa a teremos.

Caem copihues rosáceos*
atordoando meu cervo
e as flores brancas se desprendem
com luz e estremecimento.

Ela, com gestos que voam,
vai crescendo a si mesma;
ergue-se, acena, abaixa,
lançando, oblíquo, o olhado;
abre apertadas aurículas
e outras oculta, com receio,
e assim vai, a Feiticeira,
levando-nos magia adentro.

---

* Copihue (*Lapageria rosea*) é uma planta com floração lilás, mais comumente, e também branca; é a flor nacional do Chile, com nomenclatura de origem no mupudungun. (N. T.)

Sobre un testuz y dos frentes
ahora palpita entero
un trocado cielo verde
de avellanos y canelos,
y la araucaria negra,
toda brazo y toda cuello.

Huele el ulmo, huele el pino,
y el humus huele tan denso
como fue el Segundo Día,
cuando el soplo y el fermento.

Por la merced de la siesta
todo, exhalándose, es nuestro,
y el huemul corre alocado,
o gira y se estruja en cedros,
reconociendo resinas
olvidadas de su cuerpo...

Está en cuclillas el niño,
juntando piñones secos,
y espía a la selva que
mira en madre, consintiendo...
Ella como que no entiende,
pero se llena de gestos,
como que es cerrada noche
y hierve de unos siseos,
y como que está cribando
la lunada y los luceros...

Sobre uma fuça e duas frentes
agora palpita inteiro
um repentino céu verde
de avelãs e canelos*,
e a araucária negra,
toda braço e toda pescoço.

Exala o ulmo, exala o pinho,
e o húmus exala tão denso
como foi o Segundo Dia,
quando o sopro e o fermento.

Pela graça da siesta,
tudo, exalando-se, é nosso,
e o huemul** corre enlouquecido,
vira e roça nos cedros,
reconhecendo resinas
esquecidas do seu corpo...

Está acocorado o menino,
juntando pinhões secos,
e espia a selva que
vê como mãe, consentindo...
Ela como que não entende,
mas se enche de gestos,
é como a cerrada noite
e ferve de tantos pios,
e está como que peneirando
a luarada e as estrelas...

---

* Canelo (*Drimys winteri*) é uma das árvores sagradas do povo mapuche, presente na flora chilena e argentina. Logo, completamente diferente do que entendemos por canela (*Cinnamomum zeylanicum*). Tal planta recebe na flora popular brasileira o nome de casca-de-anta. Por considerarmos que este poema está inserido no contexto altamente alegórico da obra *Poema de Chile*, optamos por manter a nomenclatura do original, sempre que possível, assim evitando o esvaziamento da poética pretendida na sua composição. (N. T.)

** Huemul é o nome mapuche dado ao cervo andino das regiões patagônicas. (N. T.)

Cuando es que ya sosegamos
en hojarascas y légamos,
van subiendo, van subiendo
rozaduras, balbuceos,
mascaduras, frotecillos,
temblores calenturientos,
pizcas de nido, una baya,
la resina, el gajo muerto...
(Abuela silabeadora,
yo te entiendo, yo te entiendo...).

Deshace redes y nudos;
abaja, Abuela, el aliento;
pasa y repasa las caras,
cuélate de sueño adentro.
Yo me fui sin entenderte
y tal vez por eso vuelvo*;
pero allá olvido a la Tierra
y en bajando olvido el Cielo...
Y así, voy, y vengo, y vivo
a puro desasosiego...

La tribu de tus pinares
gime con oscuro acento
y se revuelve y voltea,
mascullando y no diciendo.
Eres una y eres tantas
que te tomo y que te pierdo,
y guiñas y silbas, burla,
burlando, y hurtas el cuerpo,
carcajeadora que escapas
y mandas mofas de lejos...
Y no te mueves, que tienes
los pies cargados de sueño...

---

*   Yo vuelvo, pero en fantasma.

Quando é que já sossegamos
nas folhagens e barrocas,
vão subindo, vão subindo
roçaduras, balbucios,
mascagens, amassaduras,
tremores febris,
ciscos de ninhos, uma baga,
a resina, o galho morto...
(Avó balbuciadora,
eu te entendo, eu te entendo...).

Desata redes e nós;
diminui, Avó, a respiração;
passa e repassa as caras,
cola-te de sonho por dentro.
Eu parti sem te entender
e talvez por isso volto[*];
mas lá esqueço a Terra
e então baixando esqueço o Céu...
E assim, vou, e venho, e vivo
com puro dessassossego...

A raça das tuas araucárias
geme com escuro acento
e se agita e vira,
remoendo e nada dizendo.
És una e és tantas
que te agarro e te perco,
e piscas e assovias, troça,
debochando, e furtas o corpo,
e te escapas a gargalhadas
e mofas mandas de longe...
E não te moves, pois tens
os pés carregados de sonho...

---

[*]   Eu volto, mas em fantasma. (N. O.)

Se está volteando el indio
y queda, pecho con pecho,
con la tierra, oliendo el rastro
de la chilla y el culpeo.
Que te sosiegues los pulsos,
aunque sea el puma-abuelo.
Pasarían rumbo al agua,
secos y duros los belfos,
y en sellos vivos dejaron
prisa, peso y uñeteo.

El puma sería padre;
los zorrillos eran nuevos.
Ninguno de ellos va herido,
que van a galope abierto,
y beberemos nosotros
sobre el mismo sorbo de ellos...
Aliherido el puelche junta
la selva como en arreo
y con resollar de niño
se queda en platas durmiendo...

Vamos a dormir, si es dable,
tú, mi atarantado ciervo,
y mi bronce silencioso,
en mojaduras de helechos,
si es que el puelche maldadoso
no vuelve a darnos manteo...

Que esta noche no te corra
la manada por el sueño,
mira que quiero dormirme
como el coipo en su agujero,
con el sueño duro de esta
luma donde me recuesto.

O índio está se debruçando
e fica, peito a peito,
com a terra, cheirando o rastro
das raposas do mato.
Que te sossegues os pulsos,
embora seja o puma-avó.
Passariam no rumo d'água,
secos e duros os beiços,
e em selos vivos deixaram
pressa, peso e pegada.

O puma seria pai;
as raposinhas eram novas.
Nenhum deles anda ferido,
pois vão a galope solto,
e nós beberemos
com eles sobre o mesmo sorbo...
Ferido na asa, o vento puelche junta
a selva como em arreio
e com suspiro de menino
tomba sobre as plantas dormindo...

Vamos dormir, se é possível,
meu atordoado cervo,
e meu bronze silencioso,
em tijucos de samambaias
se é que o puelche malvado
não volta a nos mantear...

Que nesta noite a manada
por teu sonho não corra,
vê que quero adormecer
como o coipú no seu buraco,
com o sono duro desta
luma onde me recosto.

¡Ay, qué hablar a dos mudos
más ariscos que becerros,
qué disparate no haber
cuerpo y guardar su remedo!
¡A qué dejaron voz
si yo misma no la creo
y los dos que no la oyen
me bizquean con recelo!

Pero no, que el desvariado,
dormido sigue corriendo.
Algo masculla su boca
en jerga con que no acierto,
y el puelche ahora berrea
sobre los aventureros...

Ai de mim que falo com dois mudos
mais ariscos que bezerros,
que disparate não haver
corpo e guardar seu remedo!
Para que deixaram voz
se eu mesma nela não creio
e os dois que não a ouvem
me espreitam com receio!

Mas não, pois o desvairado,
adormecido segue correndo.
Algo sua boca rumina
com linguajar que não desvendo,
e o puelche agora berreia
sobre os aventureiros...

VOLCÁN OSORNO

A don Rafael Larco Herrera

Volcán de Osorno, David
que te hondeas a ti mismo,
mayoral en llanada verde,
mayoral ancho de tu gentío.

Salto que ya va a saltar
y que se queda cautivo;
lumbre que al indio cegaba,
huemul de nieves albino.

Volcán del Sur, gracia nuestra,
no te tuve y serás mío,
no me tenías y era tuya,
en el valle donde he nacido.

Ahora caes a mis ojos,
ahora bañas mis sentidos
y juego a hacerte la ronda,
foca blanca, viejo pingüino...

Cuerpo que reluces, cuerpo
a nuestros ojos caído,
que en el agua del Llanquihue
comulgan, bebiendo, tus hijos.

Volcán Osorno, el fuego es bueno
y lo llevamos como tú mismo
el fuego de la tierra india,
al nacer, lo recibimos.

VULCÃO OSORNO

Para o sr. Rafael Larco Herrera

Vulcão de Osorno, David
que te afundas em ti mesmo,
maioral na planície verde,
maioral amplo de tua raça.

Salto a ponto de saltar
e que permanece cativo;
lume que ao índio enceguecia,
huemul das neves albino.

Vulcão do Sul, dádiva nossa,
não te tive e serás meu,
não me tinhas e era sua,
no vale onde nasci.

Agora cais aos meus olhos,
agora banhas meus sentidos
e brinco de fazer-te a ronda,
foca branca, velho pinguim...

Corpo que reluzes, corpo
a nossos olhos caído,
que na água do Llanquihue
comungam, bebendo, teus filhos.

Vulcão Osorno, o fogo é bom
e o carregamos como tu mesmo
o fogo da terra índia,
ao nascer, o recebemos.

Guarda las viejas regiones,
salva a tu santo gentío,
vela indiada de leñadores,
guía chilotes que son marinos.

Guía a pastores con tu relumbre,
Volcán Osorno, viejo novillo,
¡levanta el cuello de tus mujeres,
empina gloria de tus niños!

¡Boyero blanco, tu yugo blanco,
dobla cebadas, provoca trigos!
Da a tu imagen la abundancia,
rebana el hambre con gemido.

¡Despeña las voluntades,
hazte carne, vuélvete vivo,
quémanos nuestras derrotas
y apresura lo que no vino!

Volcán Osorno, pregón de piedra,
peán que oímos y no oímos,
quema la vieja desventura,
¡mata a la muerte como Cristo!

Guarda as velhas regiões,
salva tua santa raça,
sentinela índia dos lenhadores,
guia de chilotes* que são marinheiros.

Guia os pastores com teu reluzir,
Vulcão Osorno, velho novilho,
ergue o pescoço das tuas mulheres,
empina a glória dos teus meninos!

Boiadeiro branco, teu jugo alvo,
dobra cevadas, provoca trigos!
Dá à tua imagem abundância,
despedaça a fome com gemidos.

Despenha as vontades,
faz-te carne, torna-te vivo,
queima nossas derrotas
e apressa o que não veio!

Vulcão Osorno, pregação de pedra,
peã que ouvimos e não ouvimos,
queima a velha desventura,
mata a morte como Cristo!

---

* Gentílico informal para os nascidos na Ilha Grande de Chiloé, ao sul da costa chilena. (N. T.)

ELECTRA EN LA NIEBLA

En la niebla marina voy perdida,
yo, Electra, tanteando mis vestidos
y el rostro que en horas fui mudada.
Ahora sólo soy la que ha matado.
Será tal vez a causa de la niebla
que así me nombro por reconocerme.

Quise ver muerto al que mató y lo he visto
o no fue él lo que vi, que fue la Muerte.
Ya no me importa lo que me importaba.
Ya ella no respira el mar Egeo.
Ya está más muda que piedra rodada.
Ya no hace el bien ni el mal. Está sin obras.
Ni me nombra ni me ama ni me odia.
Era mi madre, y yo era su leche,
nada más que su leche vuelta sangre.
Sólo su leche y su perfil,
marchando o dormida.
Camino libre sin oír su grito,
que me devuelve y sin oír sus voces,
pero ella no camina, está tendida.
Y la vuelan en vano sus palabras,
sus ademanes, su nombre y su risa,
mientras que yo y Orestes caminamos
tierra de Hélade Ática, suya y de nosotros.
Y cuando Orestes sestee a mi lado
la mejilla sumida, el ojo oscuro,
veré que, como en mí, corren su cuerpo
las manos de ella que lo enmallotaron
y que la nombra con sus cuatro sílabas
que no se rompen y no se deshacen.
Porque se lo dijimos en el alba
y en el anochecer y el duro nombre
vive sin ella por más que esté muerta. ›

ELECTRA NA NÉVOA

Pela névoa marinha vou perdida,
eu, Electra, tateando meus vestidos
e o rosto que em horas fui mudada.
Agora apenas sou a que matou.
Será talvez por causa da névoa
que assim me nomeio para reconhecer-me.

Morto quis ver aquele que matou e o vi
ou não foi ele o que vi, e sim a Morte.
Já não me importa o que me importava.
Ela já não respira o mar Egeu.
Já está mais muda que pedra rolada.
Já não faz o bem nem o mal. Está sem obras.
Nem me menciona nem me ama nem me odeia.
Era minha mãe, e eu era seu leite,
nada mais que seu leite tornado sangue.
Apenas seu leite e seu perfil,
peregrinando ou adormecida.
Caminho livre sem ouvir seu grito,
que volta a mim e sem ouvir suas vozes,
mas ela não caminha, está estendida.
E a alçam em vão suas palavras,
seus gestos, seu nome e seu riso,
enquanto que eu e Orestes palmilhamos
terra de Hélade Ática, sua e nossa.
E quando Orestes repouse a meu lado
o rosto cavado, o olho escuro,
verei que, como em mim, percorrem seu corpo
as mãos dela que o arruinaram
e que a menciona com suas quatro sílabas
que não se quebram e não se desfazem.
Porque o dissemos no alvorecer
e no anoitecer e o duro nome
vive sem ela por mais que esteja morta. ›

Y a cada vez que los dos nos miremos,
caerá su nombre como cae el fruto
resbalando en guiones de silencio.

Sólo a Ifigenia y al amante amaba
por angostura de su pecho frío.
Y a mí y a Orestes nos dejó sin besos,
sin tejer nuestros dedos con los suyos.
Orestes, no te sé rumbo y camino.
Si esta noche estuvieras a mi lado,
oiría yo tu alma, tú la mía.

Esta niebla salada borra todo
lo que habla y endulza al pasajero:
rutas, puentes, pueblos, árboles.
No hay semblante que mire y reconozca
no más la niebla de mano insistente
que el rostro nos recorre y los costados.

A dónde vamos yendo, los huidos,
si el largo nombre recorre la boca
o cae y se retarda sobre el pecho
como el hálito de ella, y sus facciones,
que vuelan disueltas, acaso buscándome.

El habla, niña nos vuelve y resbala
por nuestros cuerpos, Orestes, mi hermano,
y los juegos pueriles, y tu acento.
Husmea mi camino y ven, Orestes.
Está la noche acribillada de ella,
abierta de ella, y viviente de ella.
Parece que no tiene palabra
ni otro viajero, ni otro santo y seña.
Pero en llegando el día, ha de dejarnos.
¿Por qué no duerme al lado del Egisto.
Será que pende siempre de su seno
la leche que nos dio será eso eterno ›

E a cada vez que nós dois nos encaremos
cairá seu nome como cai o fruto
resvalando em enredos de silêncio.

Pela angústia de seu peito frio,
apenas amava Ifigênia e o amante.
E a mim e a Orestes nos deixou sem beijos,
sem tecer nossos dedos com os seus.
Orestes, de ti não sei rumo nem caminho.
Se nesta noite estivesses ao meu lado,
ouviria eu tua alma, tu a minha.

Esta névoa salgada turva tudo
o que fala e ameniza o passageiro:
rotas, pontes, portos, árvores.
Não há semblante que veja e reconheça
apenas a névoa de mão insistente
que percorre nosso rosto e os costados.

Aonde vamos indo, os furtivos,
se o longo nome corre pela boca
ou cai e se retarda sobre o peito
como o hálito dela, e suas feições,
que pairam dissolutas, talvez procurando-me.

A fala, menina nos torna e resvala
por nossos corpos, Orestes, meu irmão,
e as brincadeiras pueris, e teu acento.
Fareja meu caminho e vem, Orestes.
A noite está salpicada dela,
aberta por ela, e vivente por ela.
Parece que não tem palavra
nem outro andarilho, nem outro emblema.
Mas chegado o dia, há de nos deixar.
Por que não dorme ao lado de Egisto.
Será que pende sempre de seu seio
o leite que nos deu será esse eterno ›

y será que esta sal que trae el viento
no es del aire marino, es de su leche?

Apresúrate, Orestes, ya que seremos
dos siempre, dos, como manos cogidas
o los pies corredores de la tórtola huida.
No dejes que yo marche en esta noche
rumbo al desierto y tanteando en la niebla.

Yo no quiero saber, pero quisiera
saberlo todo de tu boca misma,
cómo cayó, qué dijo dando del grito
y si te dio maldición o te bendijo.

Espérame en el cruce del camino
en donde hay piedras lajas y unas matas
de menta y de romero, que confortan.

Porque ella –tú la oyes– ella llama,
y siempre va a llamar, y es preferible
morir los dos sin que nadie nos vea
de puñal, Orestes, y morir de propia muerte.
–El Dios que te movió nos dé esta gracia.
–Y las tres gracias que a mí me movieron.
–Están como medidos los alientos.
–Donde los dos se rompan pararemos.
La niebla tiene pliegues de sudario
dulce en el palpo, en la boca salobre,
y volverás a ir al canto mío.
Siempre viviste lo que yo vivía
por otro atajo irás y al lado mío.
Tal vez la niebla es tu aliento y mis pasos
los tuyos son por desnudos y heridos.
Pero ¿por qué tan callado caminas
y vas a mi costado sin palabra?

e será que este sal que o vento traz
não é o ar marinho, e sim seu leite?

Apressa-te, Orestes, já que seremos
sempre dois, sempre, como mãos acolhidas
ou os pés corredores do pássaro furtivo.
Não deixes que eu peregrine nesta noite
rumo ao deserto e tateando na névoa.

Eu não quero saber, mas gostaria
de tudo saber da tua própria boca,
como caiu, o que disse dando o grito
e se te amaldiçoou ou te rendeu bendição.

Espera-me na encruzilhada dos trechos
onde há pedras lájeas e umas moitas
de hortelã e alecrim, que confortam.

Porque ela – tu a ouves – ela chama,
e sempre vai chamar, e é preferível
que morramos sem que ninguém nos veja
apunhalados, Orestes, e morrer de morte própria.
– Que o Deus que te moveu nos dê esta graça.
– E as três graças que a mim me moveram.
– Estão como que medidos os ânimos.
– Onde os dois estejamos dilacerados pararemos.
A névoa tem pregas de sudário
doce ao toque, na boca salobre,
e ao meu canto voltarás a ir.
Sempre viveste o que eu vivia
por outro atalho irás e ao meu lado.
Talvez a névoa seja tua respiração e meus passos
os teus são por descalços e feridos.
Mas por que tão calado caminhas
e vais ao meu lado sem palavra?

El paso enfermo y el perfil humoso,
si por ser uno lo mismo quisimos
y cumplimos lo mismo y nos llamamos
Electra-Oreste, yo, tú, Oreste-Electra.
O yo soy niebla que corre sin verse
o tú niebla que corre sin saberse.
–Pare yo porque puedas detenerte
o yo me tumbe, para detenerte con mi cuerpo tu carrera,
tal vez todo fue sueño de nosotros
adentro de la niebla amoratada,
befa de la niebla que vuela sin sentido.
Pero marchar me rinde y necesito
romper la niebla o que me rompa ella.
Si alma los dos tuvimos, que nuestra alma
–siga marchando y que nos abandone.
–Ella es quien va pasando y no la niebla.
Era una sola en un solo palacio
y ahora es niebla-albatrós, niebla-barco.
Y aunque mató y fue muerta ella camina
más ágil y ligera que en su cuerpo
así es que nos rendimos sin rendirla.
Orestes, hermano, te has dormido
caminando o de nada te acuerdas
que no respondes.

O yo nunca nací, sólo
he soñado padre, madre, y un héroe,
una casa, la fuente Dircea y Ágora.
No es cuerpo el que llegó,
ni potencias.

O passo enfermo e o perfil anuviado,
se para ser uno quisemos o mesmo
e cumprimos o mesmo e nos chamamos
Electra-Oreste, eu, tu, Oreste-Electra.
Ou sou névoa que corre sem ver-se
ou tu névoa que corre sem saber-se.
– A ti me paro para que possas deter-te
ou a mim te tombo para deter com meu corpo tua carreira,
talvez tudo foi um sonho de nós dois
dentro da névoa arroxeada,
esgar de névoa que plana sem sentido.
Mas peregrinar me compete e necessito
romper a névoa ou que ela me rompa.
Se alma os dois tivéssemos, que nossa alma
– siga peregrinando e que nos abandone.
– Ela é que vai passando, e não a névoa.
Era apenas uma em um só palácio
e agora és névoa-albatroz, névoa-nave.
E embora matou e foi morta ela caminha
mais ágil e ligeira que em seu corpo
assim então nos esgotamos sem esgotá-la.
Orestes, irmão, adormeceste
caminhando ou de nada te recordas
tanto que não respondes.

Ou nunca nasci, apenas
sonhei pai, mãe, e um herói,
uma casa, a fonte Dirce e Ágora.
Não é corpo o que chegou,
nem potências.

DESPEDIDA DE VIAJERO

La misma ola vagabunda
que te lleva te devuelva.
La ruta no se te enrosque
al cuello como serpiente;
te cargue, te lleve, te deje.

Los que te crucen y miren
se alegren como de fiesta.
Pero que no te retengan
tras de muros y cerrojos
la falsa madre, el falso hijo.

Guarda el repunte del acento,
cela tu risa, cuida tu llanto.
El sol no curta la frente;
la venteada no te enronquezca
y las ferias y los trueques
no te cierren la mano abierta.

Nadie te dijo de irte.
La tornada no te empuja.
El banco de peces hierve
llamando a sus pescadores.

En la mesa te tuvimos
como alto jarro de plata.
En el fogón escuchándote
te dijimos "pecho de horno".

Bajo palmera o tamarindo,
despierto o dormido entero o roto,
Rafael Arcángel, vaya a tu lado
y tu Isla de palmeras
raye tus ropas, bese tu cara.

DESPEDIDA DO VIAJANTE

Que a mesma onda vagabunda
que te leva te traga de volta.
Que a rota não te enrosque
ao pescoço como serpente;
te carregue, te leve, te deixe.

Os que te cruzem e te vejam
que se alegrem como que em festa.
Mas que não te detenham
atrás de muros e ferrolhos
a falsa mãe, o falso filho.

Cuida o repontar do acento,
zela teu riso, preza teu pranto.
Que o sol não te curta a frente;
ventania nenhuma te enrouqueça
e que as feiras e as trocas
não te cerrem a mão aberta.

Ninguém te falou em partir.
O tornado não te empurra.
O banco de peixes ferve
chamando os pescadores.

Na mesa te tivemos
como alto jarro de planta.
Ao redor do fogo escutando-te
te batizamos "peito de forno".

Sob palmeira ou tamarindo,
acordado ou dormindo, inteiro ou quebrado,
Rafael Arcanjo vai a teu lado
e que tua Ilha de coqueiros
listre tuas roupas, beije tua cara.

Enderézate entonces, salta
como el delfín a las olas.
El rumbo Este como el tábano
te punce, te hostigue y te venza.

Vuelve, hijo, por nosotros
que somos piedras de umbrales
y no barqueros ni calafates
de que rompimos los remos
y que enterramos las barcas.

En la costa, curvados de noche,
te encenderemos fogatas,
si olvidaste la ensenada.
Que te pondrá em la arena
la marea que te lleva
como a alga o como a niño
y todos te gritaremos
por albricias, por albricias.

En corro, en anillo, en nudo,
riendo, llorando enseñaremos
al trascordado a hablar de nuevo
cuando te broten y rebroten
tus gestos en el semblante,
nuestros nombres en tu boca.

Apruma-te então, salta
como o golfim às ondas.
Que o rumo do Leste feito a mutuca
te pique, te atormente, te vença.

Volta, filho, por nós
que somos pedras de umbrais
e não barqueiros nem calafates
desde que quebramos os remos
e enterramos as barcas.

Na costa, encurvados pela noite,
te acenderemos fogueiras,
para que não te esqueça a enseada.
Que venha a te pôr na areia
a maré que te leva
como a alga ou como o menino
e todos te gritaremos
oh glórias, oh glórias.

Em ciranda, em corrente, em cordão,
rindo, chorando ensinaremos
ao deslembrado a falar de novo
quando te brotem e rebrotem
teus gestos no semblante,
nossos nomes em tua boca.

ELLA QUISO SER NUBE

Ella quiso ser nube y se lo dijo al viento
ella se subió a un árbol y no la aupó el cielo.
Llegó la noche y estaba cansada
cerró el ojo y la aupó el sueño.

La madre dice al cielo: Devuélvanme a mi niña.

– Ella eligió ser nube, dice el cielo.
La madre dice al viento: –Devuélvanme a mi niña.
– Ella eligió ser nube, dice el viento.

La madre subió a buscar a su hijita
y se ha sentado en un hueco del cielo.
Pasa una nube, en forma de gaviota.
Ella dice: –Esa no, porque no era gaviota.
Pasa una nube en forma de cangrejo.
Ella dice: –Esa no es, porque la mía es linda.
Pasa una nube en forma de bandeja.
Ella dice: – No es, porque ella tiene brazos.
Y a la que pasa en forma de palmera
– ¡Ay que no es, porque esa va sin cara!

La madre se cansa de voltear las nubes
baja a la tierra y se duerme cansada.
Pero al otro día se vuelve a subir
y vienen nubes que parecen países.
Ella le dice: – ¡Vosotras no!,
era pequeña, era pequeña.
Pasan muchas nubes que parecen carros.
Ellas les dice: –Pasad calesas;
ella tenía dos pies de princesa.
Pasan nubes que parece osos.
Ella les dice: –Pasad bailadores,
la mía tiene la piel de las flores. >

ELA QUIS SER NUVEM

Ela quis ser nuvem e disse isso ao vento
ela subiu em uma árvore e o céu não lhe deu colo.
Veio a noite e estava cansada
fechou os olhos e colo então lhe deu o sono.

A mãe disse ao céu: Devolvam minha menina.

– Ela escolheu ser nuvem, disse o céu.
A mãe disse ao vento: – Devolvam minha menina.
– Ela escolheu ser nuvem, disse o vento.

A mãe subiu para procurar pela filhinha
e se sentou em um descampado do céu.
Passa uma nuvem, em forma de gaivota.
Ela diz: – Essa não é, porque não era gaivota.
Passa uma nuvem em forma de caranguejo.
Ela diz: – Não é essa não, porque a minha é linda.
Passa uma nuvem em forma de bandeija.
Ela diz: – Não é, porque ela tem braços.
E passa outra em forma de palmeira
– Nem essa é, porque está sem cara!

A mãe se cansa de revirar as nuvens
desce para a terra e dorme de cansada.
Mas no outro dia volta a subir
e correm nuvens que parecem países.
Ela diz: – Vocês não!,
era pequena, era pequena.
Passam muitas nuvens símiles de carruagens.
Ela lhes diz: – Passem, caleças;
ela tinha dois pés de princesa.
Passam nuvens que parecem ursos.
Ela lhes diz: – Passem, bailarinos,
a minha tem a pele de flores. ›

El viento se cansa de darles las nubes
y ella de voltear nubes como lienzos.
La madre vuelve a bajar a la tierra
y se duerme cansada en su lecho.
Con el sol ella vuelve a levantarse.
El cielo la conoce y ahora la llama.
La madre sube a su silla del cielo,
viene una Nube-Halcón y le dice: –Mi madre.

Viene una Nube-Rey y le dice: –Mi madre.
Llega una Nube-Barca y le dice: –Mi madre.
La madre las voltea como unos grandes lienzos.

Les toca orejas, plumón y velas.
Un día ella se queda en el cielo
y ya no baja más a la tierra.

O vento se cansa de dar-lhe nuvens
e ela de desdobrar nuvens como lençóis.
A mãe volta a descer para a terra
e adormece cansada no seu leito.
Ela volta a se levantar com o sol.
O céu a conhece e agora a chama.
A mãe sobe à sua cadeira do céu,
vem uma Nuvem-Falcão e lhe diz: – Minha mãe.

Vem uma Nuvem-Rei e lhe diz: – Minha mãe.
Chega uma Nuvem-Nave e lhe diz: – Minha mãe.
A mãe as revira como uns grandes lençóis.

Toca suas orelhas, plumagem e velas.
Um dia ela fica no céu
e já não volta mais para a terra.

DESPEDIDA REGRESO

Ya me voy porque me llama
un silbo que es de mi Dueño,
llama con una inefable
punzada de rayo recto:
dulce-agudo es el llamado
que al partir le conocemos.

Yo bajé para salvar
a mi niño atacameño
y por andarme la Gea
que me crió contra el pecho
y acordarme, volteándola,
su trinidad de elementos.
Sentí el aire, palpé el agua
y la Tierra. Y ya regreso.

El ciervo y el viento van
a llevarte como arrieros,
como flechas apuntadas,
rápido, íntegro, ileso,
indiecito de Atacama,
más sabe que el blanco ciego,
y hasta dormido te llevan
tus pies de quechua andariego,
el Espíritu del aire,
el del metal, el del viento,
la Tierra Mama, el pedrisco,
el duende de los viñedos,
la viuda de las cañadas
y la amistad de los muertos.

Te ayudé a saltar las zanjas
y a esquivar hondones hueros.

Ya me llama el que es mi Dueño.

DESPEDIDA

Já vou indo embora porque me chama
um assovio que é meu Dono,
chama com uma inefável
pontada de raio reto:
doce-agudo é o chamado
que ao partir reconhecemos.

Eu desci para salvar
ao meu menino atacamenho
e para peregrinar pela Gaia
que me criou pegada ao peito
e recordar, revirando-a,
sua trindade de elementos.
Senti o ar, apalpei a água
e a Terra. Agora regresso.

O cervo e o vento vão
levar-me com arreios,
com flechas afiadas,
rápido, íntegro, ileso,
indiozinho do Atacama,
sabes mais que o alvo cego,
e até dormindo te levam
teus pés de quéchua andarilho,
o Espírito do ar,
o do metal, o do vento,
a Terra Mãe, o pedrisco,
o duende dos vinhedos,
a viúva das canhadas
e a amizade dos mortos.

Te ajudei a saltar as valas
e a saltar fossos ocos.

Já me chama o que é meu Dono...

Posfácio

DAVIS DINIZ

GABRIELA MISTRAL:
FORMAÇÃO PROVINCIANA E INSERÇÃO MUNDIAL DE UMA POÉTICA DO MAR ÀS PEDRAS

Ya me vuelvo a la montaña
que renegué por ingrata.
La niebla me va llevando
con manos desbaratadas.
(...)

Si quieren volverme a ver
síganme los que me aman.
La espalda del mar ha huido
y nos turba su pechada
y no me alcanza su pérfido
vino que nos arrebata.

(...)
Cuando el viento sopla del este,
cierren mi puerta hasta que pase,
(...)
y el que suba desde las costas,
olas no traiga en la mirada.

Lo amo más que a los que quise
y me arracaron de unas playas
por darme en las serranías
olvido de mar y barcas.

Mas todavía lo escucho
aunque subí las montañas
y las subí por perderlo (...).

Gabriela Mistral, "Montaña y mar" (*Lagar* II).

Não será em vão ressaltar que a geografia chilena principia nos cumes dos Andes e termina nas margens do Pacífico. É uma paisagem que se arranca da pedra para lançar-se às águas. Talvez, por isso, o Chile não seja apenas um país; é também uma experiência de abismo e vertigem. Nesse limiar enuncia-se a poesia de Gabriela Mistral.

A Cordilheira Andina, em todas suas penhas, desponta como símbolo de uma interiorização da terra americana, bem como alegoria para a força matriarcal na formação familiar. O rio, sempre correndo das montanhas para o oceano, é reflexo pessoal e ao mesmo tempo fluxo de uma memória ancestral. E o mar, onde desembocam serras e rios, emerge dali como índice de uma reunião ecumênica com o mundo. Cordilheira, abismo e mar levam à ideia de partida. Formam, em conjunto de tensão semântica, o cronótopo para o desterro, espaço-tempo de concretização do acontecimento poético, segundo Bakhtin (1988), "onde os nós da narrativa se fazem e se desfazem", inscrevendo a trajetória cosmopolita de uma obra que galgou latitudes mundiais para, ao fim da jornada, retornar do mar às pedras do Chile.

Caberia marcar, ainda entre os signos da composição mistraliana, a presença da flora andina: manifestação de intransitividade da vida efêmera. Há outros assuntos recorrentes: a maternidade, a infância, a escola, a névoa, a espiritualidade, o indigenismo, a condição estrangeira etc. Todos eles, de alguma forma, estão contidos nos temas acima mencionados. E serviram de organizadores ao longo da preparação desta antologia, agora publicada pela Pinard, em tomo que reúne o panorama mais abrangente da obra poética de Gabriela Mistral em tradução para a língua portuguesa.

Como uma obra literária que começou a ser escrita por uma professora rural, obstacularizada pelo provincianismo, viria a se tornar o primeiro Prêmio Nobel de Literatura do continente hispano-americano? É a pergunta que queremos nos fazer ao percorrermos a trajetória de consagração mundial da obra mistraliana e ao trazê-la para nosso contexto de recepção.

ANOS DE FORMAÇÃO PROVINCIANA (1889-1921)

Gabriela Mistral nasceu Lucila de María del Perpetuo Socorro Godoy Alcayaga no povoado de Vicuña, localizado no vale do rio Elqui, a 500 km de distância de Santiago, no dia 6 de abril de 1889. Seu pai, Juan Jerónimo Godoy, com formação em latim, foi professor na escola local. Godoy abandonou a casa quando Lucila tinha três anos de idade. Petronila Alcayaga, a mãe, a partir daí decidiu estabelecer-se com a criança em Montegrande. Passaram a viver em uma aldeia da região onde morava Emelina Molina Alcayaga, irmã mais velha de Gabriela e filha de um casamento anterior de Petronila. Emelinda tinha quinze anos a mais que a irmã menor, e ela já trabalhava como professora rural em Montegrande. A figura paterna foi se apagando da memória familiar, daí por diante, e a presença materna se tornaria essencial para a formação da professora e poeta que Lucila veio a se tornar bem mais tarde.

Nesses primeiros anos, Gabriela (ainda Lucila) foi criada entre as canções de ninar cantadas pela mãe, repertório oral que marcaria parte de sua composição poética, recebendo também os primeiros letramentos das mãos da irmã Emelinda. Uma outra perspectiva de formação durante os anos de infância chegaria das montanhas no entorno do vale do Elqui. Afinal, a Cordilheira dos Andes é "a matriarca original" – como terão presente as leitoras e os leitores que já aqui passaram pelo texto "Chile e a pedra", trazido à abertura deste livro. Entre cantigas populares, alfabetização domiciliar, escuta de montanhas e rios, bem como hortas de aldeias do vale do Elqui, encontramos a substância da narrativa ancestral que Gabriela acessaria durante a conformação de seu universo poético.

Por volta de 1900, Lucila deixa Montenegro para retornar à Vicuña, ocasião de sua entrada na Escuela Superior de Niñas do povoado onde havia nascido. Mas a experiência do período escolar resultaria traumática. A professora de Vicuña havia encarregado a nova aluna de distribuir entre as demais estudantes uns caderninhos com folhas para as atividades em classe. Algumas alunas tomaram folhas a mais da mão de Lucila, encontrando-se a menina, assim, impedida de fazer a distribuição completa do material. Diante do incidente, ela seria acusada de roubo pela professora. A menina não se defendeu da criminalização injusta. Mas veio a abandonar a escola, retornando à casa familiar, já sem vontades de frequentar uma instituição de ensino. E daí por diante a irmã mais velha se encarregaria definitivamente dos estudos formais de Lucila.

Foi ainda no desdobramento do episódio escolar que as três mulheres da família Alcayaga decidiram abandonar a zona alta do vale do Elqui, assentando-se na região de La Serena, onde vivia

Isabel Villanueva, a avó materna das meninas de Petronila. Isabel, à maneira dos aportes trazidos pela mãe e pela irmã mais velha, teria importância em outra base de formação da posterior obra de Mistral: a leitura e o estudo bíblico.

A propósito da presença da Bíblia na poesia mistraliana, influência que aparece com tantas variações a partir de *Desolación* (1922), o primeiro livro publicado, é oportuno destacar um tipo particular de uso da alegoria bíblica. Em "Mis libros" – além da imagem do texto sagrado como consolação espiritual, também como acervo de figuras de mulheres resilientes e como nostalgia de comunicação com o divino – a Bíblia é evocada à maneira de Novalis (1976), poeta que pretendeu com sua obra romântica um método poético de "biblicização" capaz de levar ao apagamento elocutório do sujeito. Estes são os versos de início e fechamento no poema "Mis libros": "Libros, callados libros de las estanterías, / vivos en su silencio, ardientes en su calma; / (...) / ¡Biblia, mi noble Biblia, panorama estupendo, / en donde se quedaron mis ojos largamente, / tienes sobre los *Salmos* las lavas más ardientes / y en su río de fuego mi corazón enciendo! / (...) / ¡Os amo, os amo, bocas de los poetas idos, / (...) / De la página abierta aparto la mirada / ¡oh muertos! y mi ensueño va tejiéndoos semblantes".

As Alcayagas logo passariam a viver em Coquimbo, habitando definitivamente a região costeira com pretenssões de por ali estabelecer a nova residência familiar. Lucila, pela primeira vez, teve a possibilidade de ver e de conviver com o mar próximo, ente que seria convertido em índice poético de purificação e comunhão com a liberdade ao longo de sua obra.

Quanto à característica de desenvolvimento do simbolismo do mar na obra mistraliana, é imporante recordar, sem perder de vista a profanação intelectual do assunto bíblico, que a série de sonetos "Canciones en el mar", presente em *Desolación* e cuja temática seria recorrente em todos os livros posteriores, ocorre mediante uma perspectiva moderna. Foi só a partir da Renascença, conforme demonstrou Alain Corbin (1989), no livro *O território vazio: a praia e o imaginário ocidental*, que o ambiente marítimo veio a perder a conotação marcada desde o livro do *Gênesis*, relato que impôs uma visão do mar como o "Grande Abismo", lugar de mistérios insondáveis para a percepção humana. O mar, da perspectiva do Pentateuco, é um recepiente abissal de restos diluvianos. Por isso aparece como instrumento de punição divina. Ele traz a lembrança da catástrofe primordial, dando vazão a um ambiente infernal, como é ainda aparente na *Divina Comédia*. Dante e Virgílio – na transição entre os versos finais do "Inferno" e a introdução ao "Purgatório" – deixam um mar ígneo para alcançar a praia em cuja costa desponta a montanha do Purgatório, situada no hemisfério sul, conforme o imaginário vigente no baixo medievo. Somente a partir do romantismo, argumenta Hans Blumenberg (1990), no livro *Naufrágio com espectador*, o mar passaria a representar um "drama didático", pondo em cena o embate entre a ilustração do indivíduo e a providência do Criador. Daí por diante a representação do mar sofreria na cultura ocidental uma inflexão por obra do sujeito moderno que deseja sobreviver às forças da natureza e à punição pós-queda e diluviana.[*] Essa perspectiva da paisagem martítima é justamente a que impera na obra de Gabriela Mistral. O oceano, evocado em "Canciones en el mar", é uma entidade que deve "lavar docemente" as feridas trazidas da terra firme, uma ponte para o consolo e a purificação das penas. Enfim, uma rota de sobrevivência e expansão do ímpeto humano – logo, poético. Tal visão do mar abriu na obra mistraliana uma perpectiva de evasão estética frente à impossibilidade do *locus amoenus* na paisagem pétrea do país das cordilheiras, conforme prescrito no texto "Chile y la piedra". É uma abertura e um fluxo de transformação: "Sobre la nave toda puse / mi vida como derra-

---

[*] Diante do dilema mar-montanha que estamos acionando na obra mistraliana, seria interessante não ignorar que algo aparentemente da mesma ordem de representação do mar na cultura ocidental moderna vale para a representação da montanha. Considere-se, por exemplo, a pintura romântica de Caspar David Friedrich – especificamente o quadro "Caminhante sobre um mar de névoa" (1817). O caminhante, centralizado na tela, encontra-se diante de uma cordilheira montanhosa que lhe abre (também ao espectador da pintura) a perspectiva do infinito por meio da emergência do sublime que tem à frente. O sujeito do quadro sustenta uma postrua altiva, algo que passaria a caracterizar o gestual de alpinistas que vencem os limites impostos pela natureza. A posição aristrocrática do caminhante de Friedrich em tudo destoa da imaginação cristã revelada nas recorrentes cenas bíblicas de peregrinação e subida aos montes de oração, sempre sugerindo um indivíduo que se volta para seu interior em decúbito dorsal à espera da iluminação divina que viria após o percurso da penitência.

mada. / Múdala, mar, en los cien días, / que ella será tu desposada. / Múdala, mar, con tus cien vientos. / Lávala, mar; lávala, mar; / que otros te piden oro y perlas, / ¡y yo te pido el olvidar!".

Mas voltemos aos anos de formação, quando o livro *Desolación* ainda não havia sido publicado em Nova Iorque e a presença do mar na vida de nossa poeta não era senão uma contemplação adolescente. Em 1903, aos quatorze anos, após os ensinamentos da irmã e seu próprio empenho autodidata, já que a menina criminalizada em classe não voltaria a ser matriculada em nenhum outro colégio, Lucila passou a trabalhar como professora rural em uma escola do povoado de La Compañia Baja, perto de La Serena. Começaria assim a profissão que Gabriela levaria por toda a vida e tematizaria em sua obra intelectual e poética a partir do poema "La maestra rural".

Logo surgiria a figura de Bernardo Ossadón, jornalista apresentado a Lucila em decorrência da atuação como professora, figura que lhe ofereceu livre acesso à sua biblioteca particular. O encontro, ocorrido em 1904, seria determinante. Entre os livros da biblioteca de Ossadón, Lucila leu romancistas russos, Montaigne e, sobretudo, Federico Mistral, um dos poetas que mais tarde emprestariam o nome ao batismo literário de Gabriela Mistral (o primeiro nome da escritora viria da influência do poeta italiano Gabriele D'Annunzio). A sociabilidade literária com o amigo jornalista de Coquimbo permitiria a Lucila publicar seu primeiro conto, "La muerte del poeta", ainda assinado com o nome familiar, aparecido em 30 de agosto de 1904, no jornal *El Coquimbo*.

Gabriela passou a colaborar também com o jornal *La Voz de Elqui*, sendo a maior parte de sua colaboração jornalística do período ocultada sob pseudônimos (Soledad, Alguien, Alma, X, Alejandra Fussler e, finalmente, Gabriela Mistral). Da atuação jornalística em *La Voz de Elqui* apareceu o artigo "La instrución de la mujer", publicado em 1906. Esse texto fundamentaria um dos espectros intelectuais do ativismo político de Mistral, concretizado nos anos vividos no México enquanto reinvidincação do direito da mulher à educação formal.

Mais tarde, Gabriela se transferiria de La Serena para a escola de La Cantera, povoado dentro dos limites de Coquimbo onde passou a viver a partir de 1907. Logo no ano seguinte ela foi feita secretária do liceu feminino de La Serena. É quando alguns de seus poemas são incluídos no livro *Literatura coquimbana* (1908), organizado por Luis Carlos Soto, crítico que celebrou a nova poeta em um breve estudo acrescido à antologia.

A colaboração com jornais locais, como *El Coquimbo* e *La Tribuna*, prosseguiriam. Gabriela Mistral e seus outros pseudônimos passariam a ser assim uma assinatura conhecida nos meios locais. E a escritora também viria a colaborar com a revista *Idea* a partir de 1909.

Anos antes, em 1905, Lucila havia considerado diplomar-se oficialmente professora, já que o progresso da carreira docente dependeria de uma titulação formal que ela ainda não possuia. Mas o plano foi obstacularizado em decorrência do preconceito sofrido frente às ideias progressistas publicadas por meio da atuação jornalística da escritora – à epoca consideradas revolucionárias e inapropriadas para uma docente diplomada. Apesar disso, Lucila seguiu dando aulas para crianças, no período diurno do liceu de La Serena, e, no período noturno, para peões, lavradores e operários que frequentavam a escola de La Compañia e outras da região.

Foi só em 1910 que Gabriela conseguiu, enfim, apresentar-se ao exame de titulação formal da Escuela Normal nº 1 de Santiago, obtendo a diplomação de professora secundarista que lhe abriria outros caminhos. Depois da titulação obtida na capital, ela foi transferida para a escola de Barracas, zona rural da periferia de Santiago, e, porteriormente, ainda em 1910, atuaria como professora no liceu de meninas de Traiguén, região da Araucania, ao sul da capital do Chile. Começaria, a partir daí, uma vida profissional itinerante, levando a professora titulada a percorrer diversas instituições educacionais pelos interiores do sul e do norte do país.

Gabriela voltou a trabalhar nas proximidades de Santiago no ano de 1912, sendo convertida em diretora e professora de geografia e língua espanhola no Liceu de Los Andes. Alguns dos poemas dessa época foram publicados na revista *Sucesos*. A publicação animou a autora a escrever uma carta para Rubén Darío, poeta niguaraguense que havia residido no Chile anos antes e que então se encontrava na França. Darío, renovador da poesia moderna em língua espanhola, para além das crônicas que publicava como correspondente internacional do jornal argentino *La Nación*, era o diretor da revista literária *Elegancias*, muito respeitada entre leitores ibero-americanos residentes em Paris. O poeta leu com gosto o que havida recebido de Mistral, logo enviando uma carta ao Chile na qual comunicava a publicação do poema "El ángel guardián" e do conto "La defensa de la belleza" recebidos na França. O aceite da revista de Darío seria o primeiro gesto no percurso de mundialização da obra mistraliana em seu processo de entrada na "República Mundial das Letras", conforme se entende a expressão empregada por Pascale Casanova (2002).

É então, já como Gabriela Mistral, que, em 1914, a poeta enviaria a série de poemas chamados "Los sonetos de la muerte" aos Juegos Florales, concurso literário de Santiago promovido pela Sociedade de Artistas e Escritores do Chile. Tais sonetos vinham sendo escritos desde 1909, quando Lucila teve notícias do suicídio de Romelio Ureta, o primeiro namorado, ainda no período vivido em Coquimbo. Uma fotografia da escritora havia sido encontrada dentro do paletó do defunto. O episódio impactou Lucila que, diante da dor da perda, foi levada a escrever "Los sonetos de la muerte", composição poética em chave elegíaca cujo tema aborda o direito de possuir alguém pelo menos em sua morte: "Del nicho helado en que los hombres te pusieron, / te bajaré a la tierra humilde y soleada. / (...) Me alejaré cantando mis venganzas hermosas, / ¡porque a ese hondor recóndito la mano de ninguna / bajará a disputarme tu puñado de huesos!". "Los sonetos de la muerte" ganharam o primeiro prêmio do concurso nacional. E o nome Gabriela Mistral passaria a ser em definitivo a assinatura literária da autora.

A revista *Ideales* publicou, em 1915, "Pinares", poema escrito sob influência de uma viagem a Concepción, região do Biobío, e que abria na poesia mistraliana percepção para a paisagem ao sul de Santiago. "Los sonetos de la muerte", na mesma época, foram publicados pela editora Zig-Zag, bem como "La maestra rural" apareceu na *Revista de Educación Nacional*, dois importantes veículos editoriais para a cena literária do país. Ambos os poemas, acrescidos de "El ruego", foram também incluídos no livro *Seiva lírica* (1917), antologia de poetas chilenos organizada por Julio Molina Núñez e Juan Agustín Araya, celebrando a escritora como uma nova voz poética do Chile.

Gabriela Mistral foi nomeada, em 1918, para diretora do Liceu de Punta Arenas, por meio da influência política de Pedro Aguirre Cerda, deputado em seu primeiro mandato pelo Partido Radical e que, mais tarde, sob o slogan "governar é educar", viria a ser eleito presidente do Chile. O empenho de Gabriela no novo cargo transformou o liceu de meninas também em escola noturna para pessoas adultas sem ou com baixo letramento, bem como favoreceu a criação de bibliotecas. Além do mais, o período vivido em Punta Arenas, região localizada no extremo do Chile, entre os confins da Patagônia e a Terra do Fogo, ampliaria o espectro da paisagem chilena na poesia mistraliana, tendo registro em "Paisajes de la Patagonia", entre outros temas patagônicos e atacamenhos que, mais tarde, abundariam nos preparativos para *Poema de Chile* (1967).

Após a temporada em Punta Arenas, Mistral foi enviada à região de Temuco, capital da Araucania, zona chilena de maior densidade mapuche, onde Gabriela residiu e trabalhou a partir de 1920, com a missão de melhorar o liceu da região. Ensinou para diversas moças e instruiu alguns rapazes de famílias locais – entre eles, Ricardo Eliécer Neftalí Reyes Basoalto, mais tarde conhecido mundialmente como Pablo Neruda. O poeta, que em 1971 receberia o Prêmio Nobel de Literatura repetindo o feito da professora, contaria em seu polêmico livro de memórias *Confieso que he vivido* (1974) que:

> Por ese tiempo (1920) llegó a Temuco una señora con vestidos muy largos y zapatos de taco bajo. Era la nueva directora del liceo de niñas. Venía de nuestra ciudad austral, de las nieves de Magallanes. Se llamaba Gabriela Mistral. Yo la miraba pasar por las calles de mi pueblo con sus ropones talares, y le tenía miedo. Pero, cuando me llevaron a visitarla, la encontré buenamoza. En su rostro tostado en que la sangre india predominaba como en un bello cántaro araucano, sus dientes blanquísimos se mostraban en una sonrisa plena y generosa que iluminaba la habitación. Yo era demasiado joven para ser su amigo, y demasiado tímido y ensimismado. La vi muy pocas veces. Lo bastante para que cada vez saliera con algunos libros que me regalaba. Eran siempre novelas rusas que ella consideraba como lo más extraordinario de la literatura mundial. Puedo decir que Gabriela me embarcó en esa seria y terrible visión de los novelistas rusos y que Tolstoi, Dos-

toievski, Chejov entraron en mi más profunda predilección. Ya he dicho anteriormente que a Gabriela Mistral la conocí en mi pueblo, en Temuco. De este pueblo ella se separó para siempre. Gabriela estaba en la mitad de su trabajosa y trabajada vida, y era exteriormente monástica, como madre superiora de un plantel rectilíneo. Para mí siempre tuvo una sonrisa abierta de buena camarada, una sonrisa de harina en su cara de pan moreno. (NERUDA, 1974: 47-48)

Em 1921, encerrada a temporada de trabalho em Temuco, Gabriela Mistral passou a dirigir o Liceu nº 6 de Santiago. O retorno à capital do país propiciou o encontro com Joaquín García Monje, escritor costa-riquenho e editor da revista *Repertorio Americano*, da qual Gabriela passaria a ser colaboradora.

ANOS DE AMERICANIZAÇÃO E INSERÇÃO MUNDIAL (1922-1945)

Passada a primeira década da Revolução Mexicana (1910), Álvaro Obregón assumiu a presidência do país em 1922. O projeto de governo de Obregón pretendeu consolidar laços culturais dentro do México e, também, expor uma imagem internacional positiva do país mestiço após os conflitos pela reforma agrária. O escritor José de Vasconcelos, uma das cabeças do Ateneo de la Juventud, instituição educacional responsável pela modernização intelectual da elite mexicana, havia sido convertido em Ministro da Educação daquele país. Jaime Torres Bodet, escritor e político mexicano então em viagem diplomática pelo Chile, convidaria Mistral para participar do novo programa educativo diridigo por Vasconcelos. Gabriela, mesmo sem reservas para a viagem, a ser reembolsada no México, aceitou o convite. O deputado Luis Emilio Recabarren, fundador do Partido Comunista do Chile, em janeiro daquele ano, inteirando-se da falta de recursos para a viagem, formulou uma petição que reivindicava do governo chileno cobrir os gastos do translado internacional. A proposta foi acolhida a contragosto da bancada de direita e, a partir do embate, segundo Volodia Teitelboin (1991), a sociedade chilena passaria tanto a amar quanto a odiar a figura pública de Gabriela Mistral. Finalmente, ela embarcou em julho de 1922 no navio Orcoma, acompanhada da pintora e escultora Laura

Rodig. Ambas foram recebidas na Cidade do México por Torres Bodet e pela professora Palma Guillén (a quem o livro *Tala* mais tarde seria dedicado à amizade que se criou entre ambas).

Os anos de experiência adquirida durante a docência pelos interiores do Chile contribuiram para o êxito do trabalho desempenhando por Gabriela Mistral no marco do novo plano educacional do governo mexicano a partir de 1922. Apanhada da nova missão docente, ela percorreu inúmeras áreas rurais e indígenas do México, ganhando a admiração das populações locais em função de sua capacidade de argumentação direta e despojada de retórica protocolar.

Também naquele ano o crítico espanhol Federico de Onís, vinculado ao Instituto de Las Españas em Nova Iorque, estimularia a publicação do primeiro livro de Gabriela Mistral, *Desolación* (1922), editado pelo Instituto. Trata-se de uma "obra de começo", no sentido dado à expressão por Edward Said (1975), ou seja, uma obra que traz em si a síntese de elementos poéticos e ou conceituais que marcam uma produção intelectual ao longo de seu tempo de desenvolvimento criativo e recepção. O tom geral de *Desolación* é dado por modulações de falas regionais e fontes nativas, bem como pela sobreposição da poeta e da professora, dos resquícios da prosódia bíblica do Velho Testamento e da celebração (às vezes mística) da paisagem chilena e suas possibilidades de extensão americana. A poeta trabalha, conforme Mario Rodríguez Fernández (2010), no limite de dois sistemas, acionando ao mesmo tempo uma "modernidade vanguardista" e um viés linguístico da "comarca oral". Esse procedimento de criação faz com que a articulação poética mistraliana atenda rebeldemente às exigências do soneto alexandrino. Ou seja, assume-se a concretização metrificada do poema, mas isso é feito por meio de variantes encontradas na manipulação do repertório coloquial, operado uma indissociação entre arte e vida.

Um dos assuntos de *Desolación* – marcante do procedimento criativo mistraliano bem como da atuação intelectual da poeta – é a perspectiva de vinculação interamericana, à maneira do "nosso-americanismo" de José Martí. É isso o que revela a inserção do poema "El Ixtlazihuatl" no primeiro livro de Mistral. A montanha mexicana surge no poema à maneira da participação ancestral de que se falaria a propósito da Cordilheira dos Andes como a "matriarca original". Mas o Ixtlazhuatl, para além da aspereza pétrea, emerge como uma curva humana, "adoçando o céu" e "afinando a paisagem" mexicana. A montanha, assim como o mar, levando-se em conta o dilema do *locus amoenus* na imaginação pétrea da poética mistraliana, se não podem diretamente inspirar o lirismo – já que são entes marcados pelos penhascos, no caso da montanha, e, no caso do mar, pela dissonância do marulho intempestivo –, revelam dimensões sublimes que levam à distensão do pertencimento interamericano. Assim, a Cordilheira dos Andes, se antes fechava a paisagem chilena sobre si mesma, agora passa a expandi--la pelas extensões americanas até fundar a comunicação andina com o Ixtlazihuatl. É, nesse sentido, muito similar ao conceito de "imago mundo" conforme apresentado por Lezama Lima (2014) no ensaio *La expresión americana* (1957), quer dizer, atua como imaginação expandida de épocas históricas do continente americano por meio da assimilação de temporalidades entrecruzadas.

A segunda edição de *Desolación* foi publicada no Chile em 1923, após o livro ser editado em Nova Iorque. Enquanto isso, Gabriela permaneceu no México. Foi criada, nesse contexto, a Escuela Hogar Gabriela Mistral. Surgiria daí a edição de *Lecturas para mujeres* (1923), antologia preparada pela autora com uma série de textos pedagógicos considerados determinantes para a instrução formal e doméstica da mulher, tema que vinha da atuação de Gabriela desde as primeiras publicações em Coquimbo. Na segunda seção de *Lecturas para mujeres*, intitulada "II. Lecturas Femininas", Mistral escreveu que "Ya es tiempo de iniciar entre nosotros la formación de una literatura feminina, serio". Seriam impressos 20.000 exemplares do livro educativo, distribuidos em diversas escolas rurais pelo governo mexicano do período.

Quando Mistral deixou o México, em 1924, autoridades do Ministério da Educação ergueram uma estátua em reconhecimento ao trabalho desenvolvido por ela junto às comunidades indígenas e rurais daquele país. Sua poesia seguiria assimilando temas e paisagens da primeira pátria estrangeira que acolheu seu desterro. A partir do México, ela viajaria para os Estados Unidos, fazendo uma série de conferências públicas em universidades locais. Depois da temporada estadunidense, Gabriela embarcou para França e Suiça, contatando-se com Romain Rolland, escritor e professor da École Normale de Paris e da Sorbonne. E dali viajou pela Espanha e Itália, ampliando sua rede de contatos pelo mundo europeu.

Ternura (1924) apareceu no contexto de tais viagens, publicado pela editora madrilhena Saturnino Calleja. A obra, sendo o segundo poemário de Mistral, acentuaria o acatamento destrutivo da forma soneto, dando maior liberdade à construção textual que havia surgido com o livro *Desolación*. Predomina em *Ternura*, segundo Mauricio Ostria González (2010), a procura por uma língua infantil que não pode ser confundida com as canções folclóricas. É linguagem transculturada (considere-se, por exemplo, as raízes ameríndias reclamadas em "Canción quéchua", "La tierra" e "Canción del maíz"), aberta pelo conflito entre uma língua oral e uma visão rural do mundo americano. Os temas mexicanos, a exemplo de poemas como "Niño mexicano" e "Cajita de Olinolá", são aprofundados. Há também uma perspectiva do universo como figuração da visão feminina em tensão com as forças masculinas, convertendo a posição do homem em infância contemplativa e a da mulher em ato de criação, a exemplo dos poemas "La Tierra y la mujer" e "La Tierra", fazendo das montanhas e dos rios uma alegoria para o ventre da natureza.

Voltando da Europa, a caminho do Chile, em 1924, viajando sempre em navio naqueles anos, Gabriela fez escalas no Brasil, Uruguai e Argentina, recebendo homenagens das autoridades locais. O governo chileno, em reconhecimento ao trabalho docente de Mistral, concedeu-lhe uma pensão. Já a Liga das Nações (fundada em 1919 e dissovida nos anos 1940 para a formação da ONU) aprovaria sua entrada para o Instituto Internacional de Cooperação Intelectual, órgão que representava oficialmente a América Latina na Liga. E assim, em 1926, Gabriela voltaria a Paris, dessa vez para morar, assumindo o cargo de conselheira do Instituo Internacional de Cooperação Intectual. O posto lhe permitiu ampliar a sociabilidade europeia, relacionando-se, em Paris, com Henri Bergson, Miguel de Unamuno, Madame Curie, Paul Valéry etc. Enquanto isso, em 1926, apareceria no Chile a terceira edição do livro *Desolación*. No ano seguinte, Mistral participaria do Congresso de Professores, na Itália, e, em Genebra, do Congresso de Proteção das Infâncias. Pela mesma época, o Instituo Internacional de Cooperação Intelectual elaborou a "Colección de Clásicos Iberoamericanos", biblioteca destinada a traduzir e promover escriotres hispano-americanos renomados, a exemplo de Rubén Darío e José Martí, junto ao público francês. Gabriela foi nomeada para o comitê editorial da coleção, ao lado do amigo e escritor mexicano Alfonso Reyes e do boliviano Alcides Arguedas.

Aqui temos mais visível um ponto de virada quanto à trajetória de entrada de parte do mundo literário hispano-americano pós-Darío na "República Mundial das Letras". Não o é ainda para a obra poética de Mistral em específico. A poesia mistraliana era ainda ignorada no meridiano literário francês. Seu trabalho, até então, recebia a admiração em escala mundial por sua atuação docente no México e no Instituto Internacional de Cooperação Intelectual. Mas os caminhos de consagração literária estavam sendo abertos pela autora em constante deslocamento pelo mundo americano e o europeu.

Durante a Primeira Conferência Internacional de Professores, sediada em Buenos Aires em 1928, Gabriela leu o texto "Los derechos del niño". O trânsito Paris-Buenos Aires permitiria a aproximação entre Mistral e Victoria Ocampo, às iminências da fundação da revista *SUR*, veículo aparecido em 1931 e que rapidamente se tornaria uma determinante para as transferências literárias entre parte da cena hispano-americana e o mundo francês. Essa passagem pela América do Sul foi marcada também pela adoção de "Yin Yin", apelido dado por Gabriela a Juan Miguel Godoy, filho de Carlos Miguel Godoy, meio-irmão de Mistral. Tratava-se de uma criança de quatro anos e que havia ficado orfã da mãe, levada pela tuberculose. A temporada chilena permitiu que a escritora desfrutasse também os últimos momentos ao lado da própria mãe, que dali por diante não se recuperaria do quadro de saúde muito debilitado.

De volta à Europa, Mistral representou o Chile e o Equador no Congresso da Federação Internacional Universitária de Madri. Por recomendação da Liga das Nações, a poeta assumiu um cargo no conselho administravio do Instituto Internacional de Cinematografia Educativa, sediado em Roma, cidade para onde se mudou com o filho Yin Yin.

Gabriela voltaria a Madri em 1929 para representar seu país no Congresso de Mulheres Universitárias. Foi quando ela recebeu a notícia da morte da mãe. Dada a duração das viagens transatlânticas do período, não havia modos de chegar ao Chile a tempo de participar do funeral de Petronila. Por essa mesma época, a pensão docente que havia sido concedida a Gabriela foi retirada pela presidência do governo militar de Carlos Ibáñez del Campo (1927-1931) – a princípio simpático a Mistral, tendo, anos antes, organizado uma conferência em que a poeta, levada a palanque presidencial, clamou em praça pública por uma reforma agrária no Chile em vez de deixar-se cooptar pelos planos políticos de Del Campo. Encontrando-se privada de recursos financeiros, Gabriela passaria a dedicar-se mais intensamente às conferências internacionais e à escrita de artigos, ensaios e poemas, a serem publicados em revistas no mundo hispano-americano. Editou-se ainda por aqueles anos a *Antología de poetas hispanoamericanos* (1929), obra dirigida por Alice Stone Blackwell para uma editora de Nova Iorque. Apareceria no livro de Blackwell uma série de poemas de Mistral, cada vez mais em processo de mundialização literária.

No ano seguinte, em 1930, ocorreu a segunda viagem de Gabriela Mistral aos Estados Unidos. Ela deu palestras na Universidade de Columbia e cursos de literatura e história hispano-americanas no Barnard College e Middlebury College. Após o semestre passado nos EUA., Gabriela foi convidada a dar aulas em Porto Rico, na Universidade de La Isla, durante o primeiro semestre de 1931. Na ocasião, ela percorreu as Antilhas, o Caribe, recebendo diplomação *honoris causa* na Guatemala e visitando Panamá, República Dominicana, El Salvador, Costa Rica e Cuba (cuja Secretaria de Educação publicaria em 1938 a conferência *La lengua de Martí*). Mais tarde, o livro *Tala* (1938) acolheria uma série de poemas com registro das viagens centro-americanas, a exemplo de "Mar Caribe", "Tamborito panameño" e "Recado para Antillas".

Enquanto isso, no Chile de 1932, Del Campo, o presidente que havia retirado os direitos profissionais de Gabriela, capitularia frente aos prosseguimentos de um projeto autoritário e concentração do poder. Foi um período de turbulências política e cívica no Chile. O vice-presidente Juan Esteban Montero, após a queda de

Del Campo, tomou medidas inconstitucionais para garantir, sem eleições diretas, a extensão de sua permanência na Moneda até 1937. Mas também Montero veio a ser derrubado, em junho de 1932, pela Frente Socialista, encabeçada por Arturo Puga, nome que passaria a dirigir o Conselho Administrativo da Nova República. O arranjo político fez com que um cargo consular fosse oferecido a Mistral – posto pela primeira vez ocupado por uma mulher no serviço diplomático do Chile. Ela logo foi enviada a Nápoles. Mas, imediatamente, se veria impedida de desempenhar as funções consulares, em decorrência da ascensão do fascismo, comandado por Mussolini. Gabriela acabaria confinada à prisão domiciliar em Roma. Diante do impasse diplomático internacional, ela foi destacada para servir a partir de Madri em 1933. Nesse tempo, Mistral visitou diversas cidades e universidades espanholas, ampliando a sociabilidade pelo mundo ibero-americano e europeu.

Em 1935, porém, o governo chileno aprovou uma lei especial – atendendo a um pedido de intelectuais europeus e latino-americanos após o episódio da prisão domiciliar – mediante a qual foi concedido a Mistral o cargo consular vitalício. Naquele mesmo ano, Gabriela deixou a Espanha. A ascensão do fascismo em Madri pelas mãos de Franco levou a escritora a entrar em desavenças políticas com intelectuais locais. Yin Yin e Gabriela então se estabeleceram em Portugal, a partir de 1936, temporada vivida em tranquilidade e referida pela autora como de grande produção poética.

Radicada em Lisboa, Mistral visitou a Dinamarca, em 1937, em trabalho diplomático; e logo depois o Brasil. Prestou ajuda a diversos professores e professoras que deixaram a Espanha em fuga da Guerra Civil. Os direitos autorais de seu próximo livro seriam destinados às crianças vítimas da Guerra Civil da Espanha.

Tala (1938) foi publicado com o apoio de Victoria Ocampo. Esse terceiro poemário, conforme chama a atenção Adriana Valdés (2010), bem mais que uma obra estruturada a partir do zero, é uma recompilação. A estudiosa toma para tal hipótese os argumentos da própria autora, que se referiu aos poemas do livro como "lo disperso y lo aventado", corrigidos, reformulados e organizados por Mistral. Destaca-se um coro de vozes tensionadas, afastando-se um pouco do procedimento de versificação dos livros anteriores. Parte da temática se abre mais uma vez para a experiência de trânsito pela cultura mexicana, levando, por tudo isso, à efetivação da fricção entre a tradição judaico-cristã e o universo ameríndio, a exemplo de poemas como "Dos himnos" e "El maíz". A ênfase no universo maia, concretizada em muitos poemas de *Tala*, evoca uma coletividade que, se antes em Mistral era bandeira do "nosso-americanismo" martiniano, ecoaria agora o muralismo mexicano. Outro aspecto de *Tala*, bastante atual em nosso contexto, vem de uma ideia de pátria como fantasmagoria – da vida levada "en país que no es mi país", conforme versos do poema "El fantasma" –, pondo em xeque a identidade nacional por meio da experiência de deambulação trazida pelo desterro a partir da comunhão com o mar. E mais uma vez a Cordilheira, ente que em *Tala* passaria a ser entendido em definitivo como a matriarca original já não apenas dos chilenos, e sim como mãe dos povos de uma América transandina (mapuche, incaica-qué-chua, e, para Gabriela, também maia e asteca).

Motivada pela divulgação do livro *Tala*, ela voltaria a Uruguai e Argentina, passando na região rio-platense uma temporada hospedada na casa da amiga Victoria Ocampo – amizade que logo a colocaria em contato com o sociológo e escritor Roger Callois, exilado em Buenos entre 1939 e 1945, no contexto da Segunda Guerra Mundial, membro atuante na revista *SUR* e responsável pela mediação de escritores hispano-americanos com a *Nouvelle Revue Française* e a editora Gallimard.* Mistral aproveitaria a passagem pela América do Sul para retornar ao Chile após treze anos afastada. Seu país de nascimento lhe preparou na ocasião uma grande homenagem, tratando de reparar o dilema (não de todo reparado até hoje) que havia se criado entre a escritora e a nação ao longo do processo de circulação mundial da poeta. O reencontro com a paisagem chilena, após tantos anos vividos no exterior,

---

* Caillois escreveria para Mistral em 5 de dezembro de 1952, referindo-se ao "Poéme du Chile", comunicando esperar a conclusão da obra porque havia muito que ele aguardava para traduzi-lo para o francês. Em 1945, Caillois assinou com a Gallimard um contrado para a criação da coleção "La Croix du Sud", biblioteca de obras ibero-americanas onde apareceram autores como Jorge Luis Borges, Gilberto Freyre, Julio Cortázar, e outra trintena de nomes latino-americanos.

impactou a percepção que Gabriela fazia do Chile, revinculando-a com paisagens da infância e juventude. É dessa época, por exemplo, a acolhida de imagens para poemas como "Volcán Osorno" e "Lago Llanquihue", dando novamente a emergir na poética mistraliana a contemplação dos entes fundacionais das cosmovisões mapuche e atacamenha, temas que mais tarde seriam trabalhados com especificidade no livro *Poema de Chile* (1967). Mistral, após deixar o Chile, acabou estendendo a temporada em terras hispano-americanas com viagens pelo Peru, Equador e Cuba. Ela finalmente encerrou a etapa de peregrinação americana com uma terceira viagem aos Estados Unidos em 1939.

Retornando para a Europa a partir dos EUA., naquele mesmo ano Gabriela passaria a morar em Nice, destacada pelo governo chileno para desempenhar as funções consulares na França, após a conclusão do período de residência portuguesa. Sua atuação poética, assim como a intelectual, alcançaria espessuras mundiais, levantando rumores de candidatura ao Prêmio Nobel de Literatura.

Ao longo da primeira metade dos anos 1940 a autora prepararia uma antologia de sua obra a ser traduzida para o idioma francês. A editora Gallimard convidou Paul Valéry para escrever o prólogo de apresentação. Mas Gabriela – dentro de um contexto intelectual em que a eminência teórica e poética de Valéry levaria qualquer outro autor a se ajoelhar por um prólogo com tal assinatura – viria a recusar o texto. Desagradou-lhe o juízo crítico de Valéry (1947), ocupado de ressaltar uma "produção essencialmente natural", o que impedia a poesia mistraliana de ser vista como constructo verbal, reduzindo o procedimento criativo a uma arte *naïf* que dava vazão à "substância das coisas". Recusada a apresentação de Valéry, a antologia editada pela Gallimard apareceu apenas com o posfácio de Caillois, tradutor de *Gabriela Mistral. Poèmes* (1946).

Antes disso, e já diante dos agravantes da Segunda Guerra Mundial, iniciada em 1939, Mistral solicitou que o governo chileno a destacasse para trabalhar no Brasil. A partir de 1940, ela residiria com o filho, Yin Yin, em Niterói. Mas, logo em 1941, mãe e filho se mudariam para Petrópolis. O vizinho de Gabriela seria o escritor Stefan Zweig, também trazido ao Brasil como refugiado do nazi-fascismo em expansão pelo mundo europeu naqueles anos.

Apesar da aparente tranquilidade vivida em terras brasileiras (Olga Benário, por exemplo, já havia sido extraditada pelo embrião da ditadutra do Estado Novo em atendimento à Alemanha nazista), os anos seguintes trariam duas tragédias pessoais para Mistral. Zweig e Lotte Altman Zweig, companheira do escritor austríaco, cometeriam suicídio na casa onde viviam em Petrópolis em fevereiro de 1942. Mistral escreveu na ocasião "La muerte de Stefan Zweig", crônica publicada na imprensa hispano-americana com a recordação da última conversa que ela havia tido com Zweig no Brasil. A morte voltaria a rodear a casa de Gabriela em Petrópolis em agosto de 1943. Dessa vez de maneira incontornável. Seu filho adotivo, após sofrer repetidas intimidações e constrangimentos por parte de alguns jovens da vizinhança, ingeriu uma dose de arsênico sucifientemente alta para não sobreviver aos dezessete anos de vida. Yin Yin escreveu uma carta de despedida para a mãe, deixando, após a mensagem lacônica, uma abraço para Palma Guillén. Gabriela nunca se recuperaria da perda, deixando ao longo da obra publicada alguns poemas e também textos inéditos em sua homenagem e que, recentemente, foram organizados por Pedro Pablos Zegers Blanchet e publicados no Chile pela editora da Universidad Diego Portales sob o título *Yin Yin. Gabriela Mistral* (2015).

A residência de Gabriela Mistral no Brasil a aproximou de alguns escritores e escritoras do nosso país. Entre o núcleo de sociabilidade brasileira, têm destaque as relações entre a chilena e as poetas Cecília Meireles* e Henriqueta Lisboa. Esta última, além de amiga pessoal, foi a primeira tradutora de Mistral no Brasil, tendo publicado em 1969, pela editora Delta do Rio de Janeiro, o livro *Poemas escolhidos de Gabriela Mistral*, antologia que trazia as

---

* A Academia Chilena de la Lengua e a Academia Brasileira de Letras publicaram em co-edição o livro *Gabriela Mistral y Cecilia Meireles* (2003), obra bilíngue organizada por Adriana Valdés e com traduções de Ruth Salles e Patricia Tejeda. E, em 2014, a pesquisadora Rosângela Veiga Julio Ferreira defendeu, na Universidade Federal de Juiz de Fora, para a obtenção do título de Doutorado em Educação, a tese *Entre Leitores, bibliotecas, campos e jardins: Gabriela Mistral e Cecília Meireles em projetos de educação popular no México (1920) e Brasil (1930)*.

traduções feitas pela poeta brasileira.* Ao escritor brasileiro Ribeiro Couto foi dedicado o poema "País de la ausencia", inserido no livro *Ternura* (1924), conforme os arranjos finais da obra mistraliana. Carlos Drummond de Andrade também esteve entre seus intelocutores. E uma singela viela carioca, escondida nos limites do bairro do Flamengo e do Aterro da Guanabara, viria a ser batizada mais tarde com o nome Gabriela Mistral.

A campanha dos partidários de Mistral pela canditatura ao Prêmio Nobel se intensificou no período, levando sua poesia a ser traduzida e publicada na Suécia em 1944. Finalmente, em 1945, vivendo ainda em Petrópolis, Gabriela, aos 56 anos de idade, recebeu a notificação oficial comunicando que sua obra havia recebido o Prêmio Nobel de Literatura daquele ano. A escritora embarcou no Rio de Janeiro em um vapor com destino ao país nórdico, onde assistiria à premiação, ocorrida em Estocolmo, no dia 10 de dezembro. Assim chegava o primeiro Nobel para a literatura latino-americana. Em seu discurso de posse, a poeta falou concisamente em nome de uma "lejana América ibera", terminologia que recuperava as fronteiras linguísticas da América Latina e lhe permitiu abrigar também a literatura escrita em língua portuguesa. Além disso, a poeta celebrou sua filiação à democracia chilena, bem como destacou o pioneirismo artístico e científico dos suecos, saudando ainda os lavradores, artesãos e operários do país que então lhe premiava.

ANOS DE CONSAGRAÇÃO MUNDIAL E
O RETORNO DO MAR ÀS PEDRAS (1946-1967)

O reconhecimento mundial se daria de forma contínua a partir da consagração trazida pelo Prêmio Nobel de Literatura em 1945. A poeta recebeu da França a Ordem Nacional da Legião da Honra,

---

* Reinaldo Martiniano Marques e Wander Melo Miranda, ambos pesquisadores e professores da Faculdade de Letras da Universidade Federal de Minas Gerais, UFMG, organizaram a *Obra completa* (2020) de Henriqueta Lisboa, publicada recentemente em três volumes pela editora Peirópolis. O segundo tomo, "Poesia traduzida", contém as traduções que a escritora mineira fez a partir da obra de Mistral, seguidas de comentários dos organizadores.

e por lá se editaria a antologia traduzida por Caillois e publicada pela Gallimard. A Universidade de Florença lhe deu o título de doutora *honoris causa*. Da Associação Bibliográfica e Cultural de Cuba veio a medalha Enrique José Varona. Mas o Prêmio Nacional de Literatura do Chile só veio em 1951, seis anos após o recebimento do Nobel de Literatura.

Os Estados Unidos voltariam a ser o país de residência consular de Gabriela, destacada para servir em Los Angeles a partir de 1946. A temporada contribuiria para a expansão do procedimento de latinização da paisagem americana na poesia mistraliana, conforme aparece no poema "Amapola de Califórnia", por exemplo. A autora recebeu ainda por lá a diplomação *honoris causa* do Mills College e participou de uma infinidade de eventos universitários pelo país. Também durante a estadia estadudinendese surgiu a amizade com o escritor Thomas Mann. Doris Dana, secretária de Mann durante o periodo de exílio estadunidense, passaria a ser a secretária de Mistral a partir de 1947, quando o escritor alemão, nos anos do pós-guerra, retornou para o país de origem.

Doris Dana acompanharia Gabriela até o final da vida, recebendo parte da herança e do espólio literário da escritora, bem como traduzindo e editando a obra mistraliana no idioma inglês. Muito já se especulou sobre a relação entre ambas.* Há nos arquivos mistralianos uma epistolografia trocada entre as duas mulheres que revela a paixão que as aproximou em vida. Até bem recentemente, a crítica literária e a opinião pública negaram a relação homoafetiva entre Gabriela e Doris – ou então situaram o desejo sexual apenas do lado de Dana, mais intensa em sua comunicação, expondo uma Gabriela maternal frente ao "suposto oportunismo" da outra mulher trinta anos mais jovem. Mas revisionismos críticos da nossa contemporaneidade vêm abordando a questão por outra ótica, especialmente a partir de documentos

---

* Parte dessa correspondência foi publicada no livro *Niña errante. Cartas a Doris Dana*, publicado pela editora Lumen em 2010. E uma edição atualizada, publicada em 2021 pela mesma editora, traz material inédito e prólogo de Alia Trabuco, sob o título *Doris, mi vida (cartas)*.

revelados após a morte de Doris Dana, em 2006, suplementando-se assim os arquivos mistralianos. É caso do trabalho de María Elena Wood, cinegrafista chilena que teve acesso ao material do espólio mistraliano durante os preparativos para o documentário *Locas mujeres* (2011). O filme revisitou os arquivos e se empenhou em desconstruir a imagem que o Chile preferiu consagrar de Mistral na posteridade, sempre austera em seus trajes negros, professorais, uma beata ("era exteriormente monástica, como madre superiora de un plantel rectilíneo" – não diria Neruda, conforme vimos atrás, ao lembrar-se de Mistral?) dedicada à educação das crianças humildes e autora de "Piececitos". Preferiu-se que a Mistral dos últimos anos fosse uma mulher louca, emocionalmente afetada pela morte trágica do filho Yin Yin, a aceitar-se a possibilidade de ter havido entre Gabriela e Doris uma relação homoafetiva a partir do momento em que elas passaram a viver na casa de Long Island.

Mas antes de estabelecer-se na cidade de Nova Iorque, ao lado de Doris, Gabriela deixou a Califórnia e voltou a morar no México ao longo do ano de 1948. Viveu em Veracruz, e assim conseguiu reatar vínculos com a amiga Palma Guillén, o escritor Alfonso Reyes e o mar. Ela retornou aos EUA. em 1950 e recebeu, em Washington, o Prêmio da Academia Norte-Americana de História Franciscana por sua contribuição cultural. Logo o governo chileno a destacou para ocupar o consulado na cidade de Nápoles, para onde viajou acompanhada de Doris Dana.

A diabetes começaria a afetar a vista da escritora a partir de 1951. Gabriela ocupou-se no período de uma pesquisa voltada para a flora e a fauna do seu país natal, destinada à composição do *Poema de Chile* (1967). Por fim, em 1953, foi enviada para tarefas consulares em Nova Iorque, passando a viver em Long Island com Doris Dana. Participou naquele mesmo ano das comemorações do centenário de José Martí em Cuba. A Universidade de Columbia lhe concedeu o título de doutora *honoris causa* em 1954. E nesse mesmo ano ela recebeu da Universidade do Chile título equivalente.

Lagar (1954), seu quarto poemário, o último em vida, foi publicado pela editora Pacífico. Então, pela primeira vez, uma obra de

Gabriela Mistral vinha a ser publicada e lançada a partir de seu país.[*] O livro traz composições ocupadas da reconciliação com o mundo rural chileno, compreendendo um movimento poético do mar às pedras que é retorno do trânsito ameríndio e mundial rumo à zona de origem da poeta, reconciliando a poesia mistraliana com a matriarca original. Os poemas, por isso, assumem uma morfologia lexical mais típica de sua comunidade linguística rural, bem como recupera as figuras feminimas cruciais na formação de Lucila. É oportuno destacar que, nesse livro, apareceu "Muerte del mar", poema cuja voz sugere a busca por um caminho de volta à casa após uma noite trágica em que o mar, de uma margem à outra, faleceu e cancelou o horizonte de quem nele navegava, deixando apenas "dunas-fantasmas" como costas onde aportar.

Gabriela retornou aos Estados Unidos no ano seguinte ao lançamento de *Lagar*. A partir de 1955 a saúde da escritora se encontraria cada vez mais debilitada. Ainda assim ela participaria, como convidada de honra da ONU, da celebração do sétimo aniversário de promulgação da Declaração dos Direitos Humanos, em Nova Iorque. Já em 1956, o que seria sua última participação em um ato público, ela assistiu ao encontro da União Panamericana, em Washington. Após o evento, Gabriela receberia o diagnóstico de um câncer de pâncreas. Nos meses seguintes, ela foi hospitalizada na cidade de Nova Iorque, vindo a falecer na madrugada de 10 de janeiro de 1957. A ONU, ao receber a notícia do falecimento de Mistral, interrompeu suas sessões para prestar homenagens à poeta que havia atuado em suas frentes mundiais.

Gabriela Mistral foi enterrada em Santiago. Seu corpo, pronto o mausoléu de Montegrande, conforme requerido em testamento, foi tranferido em 1960 para a região do vale do rio Elqui, onde hoje

---

[*] *Lagar* II (1991) seria publicado no início dos anos 1990 pela Dirección de Bibliotecas, Archivos y Museus de Chile. Reuniu cinquenta e oito poemas, dos quais seis possuem versões alternativas. A edição foi elaborada por uma comissão, integrada por Pedro Pablo Zegers, Mario Andrés Salvar, Ana María Cuneo, Gastón von dem Bussche e Alfredo Matus. Traz poemas inéditos, como "Motaña y mar", citado na epígrafe deste texto, e situa em novo contexto outros poemas, como "Electra en la niebla", equivocadamente inserido na primeira edição de *Poema de Chile* (1967), questão que retomo e comento a seguir.

os restos mortais da escritora se encontram sepultados. Os direitos autorais das edições da obra mistraliana publicada no hemisfério sul foram legados às crianças humildes de Montegrande, já os de edições no hemisfério norte foram deixados para Doris Dana e Palma Guillén, que os transferiram às crianças do vale do Elqui.

Poema de Chile (1967) foi publicado uma década após a morte de Mistral. Trata-se da quinta obra poética preparada pela autora. Embora a tivesse dado por pronta desde 1952, conforme escreveu em carta para Doris Dana, Gabriela não chegou a concluí-lo a tempo de vê-lo publicado. Nas edições críticas da obra completa mistraliana – a edição *Gabriela Mistral. Poesia y prosa* (1993), publicada pela coleção venezuelana da editora Biblioteca Ayacucho, preparada por Jaime Quezada, e a edição comemorativa *Gabriela Mistral. En verso y prosa* (2010), publicada pela Real Academia Española e editora Alfaguara – o livro *Poema de Chile* ainda traz o remate ambíguo das primeiras edições, reunindo poemas que, à luz de um estudo genético e filológico tardio, deixariam de pertencer ao *Poema de Chile*. Foi só recentemente, em 2015, que a editora chilena La Pollera publicou uma reedição, organizada por Diego del Pozo e Luis Vargas Saavedra, revisando, no contexto da documentação revelada após o falecimento de Doris Dana, os equívocos e faltas de edições anteriores. Contudo, na presente edição da Pinard, embora tenhamos consultado a edição mais atual, revista e publicada pela Pollera Ediciones,* decidimos trazer alguns textos que não pertecem ao projeto original do *Poema de Chile*. Por quê? A resposta está no poema "Electra en la niebla" – equivocadamente inserido no *Poema de Chile*, mas uma das composições emblemáticas da última etapa e de toda a obra mistraliana. Um texto que, por isso, não poderia estar ausente.

---

* La Pollera também publicou recentemente dois outros livros de Gabriela Mistral, organizados por Diego del Pozo, sumamente importantes para a ampliação da recepção da obra da poeta no século XXI. Trata-se de *Por la humanida futura. Antología política de Gabriela Mistral* (2015), trazendo textos inéditos e outros artigos dispersos em jornais e revistas, e *Toda culpa es un misterio. Antología mística y religiosa de Gabriela Mistral* (2020), contendo artigos já conhecidos e dispersos em revistas e entrevistas e outros textos tomados a partir da consulta de cadernos íntimos, anotações e poemas do arquivo de Mistral.

Cabe entender, por fim, que a obra do *Poema de Chile* formula um regresso à pátria – mas é regresso, conforme oxímoro de acertada formulação por parte de Grínor Rojo (2010), "como uma impossibilidade real e uma possibilidade imaginária". Isso porque Mistral, a exemplo da nota inserida no poema "Selva austral", quando diz, destacando-se do texto em tom alarmante, "eu volto, mas volto em fantasma", antevia ser impossível concretizar um regresso realista. É, assim, um canto geral da paisagem, fauna e flora chilenas, a partir da deambulação fantasmagórica de uma voz poética que percorre o território nacional acompanhada de um "indiocito" atacamenho e de um "huemul" orfãos; mas é, sobretudo, trasmutação de vida e morte, de vigília e sonho, de pátria e degredo.

Gabriela Mistral reencontraria no *Poema de Chile* o mar que viu morrer entre os poemas de *Lagar*, como indicamos, livro testamentário. Mas o reencontraria de uma perspectiva da infância, testemunho de uma vida passada, que é a forma de vida mais atual entre todas, emulando a voz da infância, acompanhada da mãe, ainda temorosa das artimanhas marítimas. *Poema de Chile* vincula a poesia mistraliana, mais uma vez, e dessa vez em definitivo, com a prosódia típica da região cultural a partir de onde ela se ergueu. Gabriela e Lucila hoje residem no regaço dos Andes, a matriarca original tão cantada em sua poesia, entre montanha e oceano. As costas do mar fugiram. E ondas não tragam no olhar aquele que suba por seus desfiladeiros. A cordilheira segue cantando seu estranho marulho, e parte desse canto dissonante, que acolhe nas encostas pétreas os ecos de um mar arredio, é voz de Gabriela Mistral.

São Paulo, fevereiro de 2021.

BIBLIOGRAFIA*

BAKHTIN, Mikhail. *Questões de literatura e de estética: a teoria do romance*. São Paulo: Unesp-Hucitec, 1988.

BLUMENBERG, Hans. *Naufrágio com espectador*. Tradução de Manuel Loureiro. Lisboa: Veja, 1990.

CORBIN, Alain. *O território vazio: a praia e o imaginário ocidental*. Tradução de Paulo Neves. São Paulo: Cia. das Letras, 1989.

FERNÁNDEZ, Mario Rodríguez. "Así dice en el Elqui, me excuso". In.: MISTRAL, Gabriela. *Gabriela Mistral. En verso y prosa*. Edición comemorativa. Presentación de Gonzalo Rojas. Madrid: ERA, 2010, pp.673-682.

GONZÁLEZ, Mauricio Ostria. "Releyendo *Ternura*". In.: MISTRAL, Gabriela. *Gabriela Mistral. En verso y prosa*. Edicción comemorativa. Presentación de Gonzalo Rojas. Madrid: ERA, 2010, pp. 649-659.

LEZAMA LIMA, José. "La expresión americana". In.: ___. *Ensayos barrocos. Imagen y figura en América Latina*. Prólogo de Horacio González. Buenos Aires: Colihue, 2014, pp. 211-277.

MISTRAL, Gabriela. *Lecturas para mujeres*. México: Secretaría de Educación, 1923.

___. *Lagar II*. Santiago: Biblioteca Nacional de Chile, 1991.

___. *Gabriela Mistral. Poesía y prosa*. Selección, prólogo, cronología y bibliografia de Jaime Quezada. Caracas: Biblioteca Ayacucho, 1993.

___. *Gabriela Mistral. En verso y prosa*. Edicción comemorativa. Presentación de Gonzalo Rojas. Madrid: ERA, 2010.

___. *Poema de Chile*. Edición y prólogo de Diego del Pozo. Santiago: La Pollera, 2015.

NERUDA, Pablo. *Confieso que he vivido. Memorias*. Barcelona: Seix Barral, 1974.

---

* Cartas e outros documentos referentes ao arquivo de Gabriela Mistral foram consultados na seção "Archivo del escritor" na página da Biblioteca Nacional de Chile por meio do endereço virtual: http://www.bibliotecanacionaldigital.gob.cl/. Acessado em fevereiro de 2021. Para os dados biográficos, foram também consultadas as cronologias "Gabriela Mistral a través de su obra", inserida por Jaime Quezada na edição *Poesía y prosa* da BBT Ayacucho, e a de Inmaculada García Guadalupe, disponível na página do Centro Virtual Cervantes https://cvc.cervantes.es/literatura/escritores/mistral/cronologia/. Acessado em fevereiro de 2021.

VALDÉS, Adriana. *"Tala*: digo, es un decir". In.: MISTRAL, Gabriela. *Gabriela Mistral. En verso y prosa*. Edicción comemorativa. Presentación de Gonzalo Rojas. Madrid: ERA, 2010, pp. 661-672.

VALÉRY, Paul. "Gabriela Mistral". In.: V. A. *Revista Atenea*. n. 269-270. Concepción: Universidad de Concepción, Chile, 1947, pp. 313-322.

NOVALIS. *La enciclopédia. (Notas y fragmentos)*. Trad. Fernando Montes. Caracas e Madrid: Editorial Fundamentos, 1976.

ROJO, Grínor. "Mistral y la niebla". In.: MISTRAL, Gabriela. *Gabriela Mistral. En verso y prosa*. Edicción comemorativa. Presentación de Gonzalo Rojas. Madrid: ERA, 2010, pp. 623-636.

SAID, Edward. *Beginnings: Intention and Method*. New York: Basic. Books, 1975.

TEITELBOIN, Volodia. *Gabriela Mistral publica y secreta*. Santiago de Chile: Ediciones Bat, 1991.

APOIADORES

O livro não seria possível sem os 979 apoiadores da campanha de financiamento coletivo realizada entre os meses de novembro de 2020 e janeiro de 2021 na plataforma Catarse. A todos, um grande obrigado da equipe Pinard.

Adelle Voller
Adilene Virginio da Silva Costa
Adla Kellen Dionisio Sousa de Oliveira
Adriane Cristini de Paula Araújo
Adrieli Sandra de Oliveira Jacinto
Adrielly Cardoso
Alan Vieira Rodrigues
Alessandra Cristina Ferreira Chaves
Alessandra Cristina Moreira de
    Magalhaes
Alessandra Garcia
Alessandra Vivas
Alex Bastos
Alexandre de Matos Guedes
Alice Antunes Fonseca
Alice M Marinho Rodrigues Lima
Aline Aimée Carneiro de Oliveira
Aline Aquino
Aline Bernardo
Aline Bona de Alencar Araripe
Aline Brito
Aline de Almeida Silva
Aline de Andrade Lima
Aline Helena Teixeira
Aline Santiago Veras
Aline Tavares Corrêa
Aline Texeira
Aline Vaz Barbosa
Alyne Rosa
Alzira Maia da Costa
Amanda Avelar Pereira
Amanda Cardozo
Amanda Carvalho

Amanda Cristina Silva
Amanda de Freitas Becker Cruz
Amanda dos Santos
Amanda Halda
Amanda Lima
Amanda Titoneli
Amanda Vasconcelos Brito
Amélia Karolina Novais Campos
Ana Almeida Costa
Ana Beatriz Ambar
Ana Beatriz Aparecida Costa Valle
Ana Beatriz Braga Pereira
Ana Beatriz Mauá
Ana Carolina Almeida Manhães
Ana Carolina Cuofano Gomes da Silva
Ana Carolina Lessa Dantas
Ana Carolina Macedo Tinós
Ana Carolina Ribeiro de Moraes
Ana Carolina Wagner Gouveia de
    Barros
Ana Caroline Chaves Damasceno
Ana Clara Chicata Olazábal
Ana Clara Pecis
Ana Claudia Souza Barros
Ana Cristina Guimarães Moreira
Ana Cristina Schilling
Ana Elisa de Oliveira Medrado Drawin
Ana Farias
Ana Julia Candea
Ana Julia Keese Leite
Ana Lucia da Silva Cunha
Ana Luisa Cruz
Ana Luísa Macêdo Carvalho

Ana Luiza Lima Ferreira
Ana Luiza Vedovato
Ana Martins Marques
Ana Paula Antunes Ferreira
Ana Paula D' Castro
Ana Paula Gomes Quintela
Ana Paula Guedes Passarelli
Ana Paula Pereira Costa
Ana Rosa
Ana Santo
Anaí Verona
Anderson Jacomini
Anderson Takara
Andre Hofmeister
André Luis Machado Galvão
André Luiz
André Luiz Dias de Carvalho
André Luiz Teixeira dos Santos
Andre Molina Borges
André Ricardo de Oliveira Rodrigues
Andréa Knabem
Andrea Lannes – Alas Co.Working
Andreia Borges da Silva
Andressa Merces Reis Silva
Andrew Westin Martin
Angela B. Kleiman
Angélica Ribeiro
Angelo Defanti
Angelo Roncalli Ramalho Sampaio
Anna Christina Gris
Anna Clara de Vitto
Anna Clara Ribeiro Novato
Anna Laura Gomes de Freitas
Anna Leticia Montenegro
Anna Samyra Oliveira Paiva
Antonia Mendes
Antonio Xerxenesky
Aparecida de Sousa Caldas
Aparecida Sardinha Sayão
Araceli Maria Alves Silva
Arianne Martins Borges
Arlena Mariano Oliveira
Arnold Machado da Silva
Arthur Sentomo Gama Santos
Athena Bastos
Augusto Cesar de Castro
Barbara Luiza Krauss

Barbara Maria Godoy
Barbara Saudino de Castro Costa
Barbara Valentina Frasseto
Barbara Wehmuth Raulino
Beatriz Amin Miranda Veloso
Beatriz Astolphi
Beatriz Ayres
Beatriz Bianchi Tomazini Bicudo
Beatriz Bittencourt
Beatriz Cerqueira Biscarde
Beatriz da Silva Nunes
Beatriz Esteves
Beatriz Favilla
Beatriz Martins da Costa Diniz
Beatriz Mian
Beatriz Moreira Leite
Beatriz Nunes Santos Teixeira Martins
Beatriz Rodrigues
Belisa Santos
Berttoni Cláudio Licarião
Betina Thomaz Sauter
Bianca Fileto da Cruz
Bianca Milan
Bianca Patrícia de Medeiros
   Nascimento
Braian Claus Boff
Breno Botelho Vieira da Silva
Bruna Antonieta Vieira
Bruna Araujo
Bruna Barranco
Bruna Bochnia Fretta
Bruna Giordani
Bruna Traversaro
Brunno Victor Freitas Cunha
Bruno da Cunha de Oliveira
Bruno Figueiredo Caceres
Bruno Fiuza
Bruno Mattos
Bruno Moulin
Bruno Novaes Bezerra Cavalcanti
Bruno Taveira da Silva Alves
Bruno Velloso
Cadmo Soares Gomes
Camila Araújo de Carvalho
Camila Chaves Costa
Camila Daniel
Camila Dias

Camila Karlla
Camila Melluso Ferreira
Camila Miwa Kaneshiro
Camila Soares Lippi
Camilla Gonçalves
Carla Santos Zobaran Ferreira
Carlos Alexandre de Carvalho Moreno
Carlos Getúlio de Freitas Maia
Carol Campos
Carolina Araújo
Carolina Cavalcanti Pedrosa
Carolina Fernandes Archer
Carolina Giordano Bergmann
Carolina Mourão Franco de Sá Barros
Carolina Rippel
Carolina Rodrigues
Carolina Silva Miranda
Caroline Biasini de Melo
Caroline Coronado de Albuquerque
Caroline Domingos de Souza
Caroline França
Caroline Machado
Caroline Pinto Duarte
Caroline Santos
Caroline Santos Neves
Caroline Souza Rodrigues
Cassiana Lima Cardoso
Cássio Mônaco da Silva Watanabe
Catarine Arosti
Catharino Pereira dos Santos
Cátia Vieira Moraes
Cecilia Fonseca da Silva
Cecília Santos Costa
Cecília Visconti
Celia Regina Bocci da Silva
Cesar Lopes Aguiar
Charles Cooper
Christianne Pessoa
Cinthia Carlos Dourado
Clara Messina
Clarice Mota
Clarissa Fortes
Claudia Cristina Machado Nantes
Cláudia Lamego
Cris Roveda Gonçalves
Crístian S. Paiva
Cristina Polli Bittencourt Gaideski

Cyntia Micsik Rodrigues
Dafne Takano da Rocha
Daiane de Moura Rodrigues
Daniel Baz dos Santos
Daniel Melo Muller
Daniela Cabral Dias de Carvalho
Daniela Junqueira Carvalho
Daniela Lilge
Daniela Vieira Lyra
Daniele Cristina Godoy Gomes de
    Andrade
Daniele Oliveira Damacena
Daniella Blanco
Danielle da Cunha Sebba
Danielle G. Correia
Danielle Mendes Sales
Danielle Sousa
Danillo Bragança
Danilo Silva Monteiro
Débora Andrade
Debora Aparecida Ataide Ampessan
Débora Beck Machado
Debora Fonseca Viana
Débora Junqueira Fonseca Oliveira
Débora Mayumi Kano
Debora Sader
Deisyellen Nicácio de Sales
Denise Amazonas
Denise Marinho Cardoso
Desidério de Oliveira Fraga Neto
Deyverson Rafael Cestaro Jorge
Diana Araujo Pereira
Diego Canto Macedo
Diego Domingos
Diego José Ribeiro
Diego Silveira Domingues
Dilma Maria Ferreira de Souza
Diogo Rodrigues
Diogo Souza Santos
Diogo Vasconcelos Barros
    Cronemberger
Dk Correia
Douglas Hertz
Dulce Franco
Edielton de Paula
Édila Bianca Monfardini Borges
Edilamar Kátia de Andrade

Edilene Patrícia Dias

Ednilson Gomes de Souza Junior

Eduarda Cardoso

Eduarda Woss Buss

Eduardo Henrique Lyvio Filho

Eliane Barros de Oliveira

Eliane Carvalho

Eliete Bettini Ramos

Elizabeth Diogo Gonçalves

Eliziane de Sousa Oliveira

Ellias Matheus

Emanuella Maranatha Félix dos Santos

Eryka Saboia

Esley Henri Gama de Lima

Estevão Garcia

Etiene da Silva Mendonça

Eveline Barros Malheiros

Everton Santana Alves

Fabiana Bigaton Tonin

Fabiana de Souza Azevedo

Fábio Sousa

Fabrycio Azevedo

Felipe Bruno Silva da Cruz

Felipe da Silva Mendonça

Felipe Junnot Vital Neri

Felipe Pierro

Felipe Romano

Felipe Rufino

Fernanda Costa

Fernanda Couto

Fernanda Dalavale Tozatto

Fernanda Do Nascimento Simões
Lopes

Fernanda Gomes de Melo

Fernanda Palo Prado

Fernanda Pelisser

Fernanda Silva de Moraes

Fernanda Souza

Fernanda Taveira

Fernando Bueno da Fonseca Neto

Fernando Cesar Tofoli Queiroz

Fernando de Azevedo Alves Brito

Fernando José da Silva

Fernando Luz

Flávia Falcão Li

Flávio Agostini

Flora Fernandes de Oliveira

Francine Matsumoto Dutra

Francisca R B Hori

Francisco Alberto Menezes de Arruda

Francisco de Assis Rodrigues

Frank Gonzalez Del Rio

Franklin Mello

Frederico Leonardo Dora

Frederico Rocha Rodrigues Alves

Gabriel Barcellos de Valencia

Gabriel Castori Barroso

Gabriel da Matta

Gabriel de Melo Borba Ferreira

Gabriel Fernandes de Miranda

Gabriel Gonçalves

Gabriel Pinheiro

Gabriel Reis de Meira

Gabriela Alice Costa

Gabriela Campos de Paiva

Gabriela Costa Mayer

Gabriela Do Espirito Santo Marchiori

Gabriela Facchini Lee

Gabriela Florence

Gabriela Guedes Maia

Gabriela Medeiros Silva

Gabriela Melo

Gabriela Neres de Oliveira E Silva

Gabriela Pelozone Lima

Gabriela Ribeiro

Gabriela Salvarrey

Gabriela Viveiros

Gabriele Cristina Borges de Morais

Gabriella Mikaloski

Gabrielle de Castro Albiero

Gabrielle Idealli

Gabrihel Jose de Campos

Gaston Santi Kremer

Geonir Edvard Fonseca Vincensi

George Alves Belisario

Geórgia Fernandes Vuotto Nievas

Geraldo Penna da Fonseca

Gerlan da Silva Menegusse

Germana Lúcia Batista de Almeida

Gerzianni Fontes

Geth Araújo

Giana Batista Guterres

Gildeone dos Santos Oliveira

Giordano Bomfim

Giovanna Fernanda Gregório
Giovanna Fiorito
Giovanna Louzada
Giovanna Rodrigues Martins
Giovanna Viana Pitoli
Gisele Tronquini
Gislane Amoroso Oberleitner
Giulia Assis
Giuliana de Lima Julião
Giuliane Fernandes
Gizele Ingrid Gadotti
Gláucia Amantéa
Glaucia Bolsoni Grola Faccioli
Glaucia dos P L R Alaves
Glauco Henrique Santos Fernandes
Gleice Bittencourt Reis
Graciele Batista Gonzaga
Guarda Chuva Edições
Guilherme Bolsoni Coelho de Pina
Guilherme Ono Do Nascimento
Guilherme Onofre Alves
Guilherme Pereira
Guilherme Priori
Guilherme Stoll Toaldo
Guilherme Torres Costa
Guilherme Zaccaro
Gustavo Bueno
Gustavo de Souza Dias
Gustavo Dutra
Gustavo Farias
Gustavo Maia
Gustavo Peixoto
Gustavo Tozetti
Hada Maller
Hádassa Bonilha Duarte
Hannah Natividade Ribeiro
Helen Oliveira
Helena Bonilha de Toledo Leite
Helena Coutinho
Helena da Silva Guerra Vicente
Helena Hallage Varella Guimarães
Helena Nascimento
Helil Neves
Heloísa Elaine Pigatto
Henrique Domingues Blanco
Herivelton Cruz Melo
Hiranilze Cerqueira

Hugo R G Broetto Brisolla
Hugo Rodrigues Miranda
Humberto Pereira Figueira
Iago Silva de Paula
Iara Franco Schiavi
Iara Jane Silva
Iara Lopes Maiolini
Iasmin Pires Milfont
Ilidiany Cruz Melo
Inaê Siqueira de Oliveira
Ioannis Papadopoulos
Iracema Araujo Das Virgens
Isa Lima Mendes
Isa M S F Ferrari
Isa Oliveira Poet'Isa
Isabel Bartolomeu Simão
Isabel Lauretti
Isabel Sousa
Isabela Cristina Agibert de Souza
Isabela da Silva Pinho
Isabela Dantas
Isabela Flintz
Isabela Meza Palhares
Isabella Bihren
Isabella D'Orsi
Isabella Lima Silva
Isabella Tramontina
Isabelle Freire Viana
Isadora Crescente Munari
Isadora D'Ercole
Isaías Gonçalves Ferreira Lima
Iven Bianca da Cunha Carneiro
Izabel Maria Bezerra dos Santos
Izabela Batista Henriques
Jacque Leite
Jade Felicio Vidal
Jade Martins Leite Soares
Jair Gonçalves da Silva
Jalusa Endler de Sousa
James Cruz Santos
Janaina Adão
Janaina Ferreira
Janaína Moitinho
Janaina Pardini de Brito
Janine Pacheco Souza
Janine Vieira Teixeira
Janna Érica Paz Linhares Oliveira

Jaqueline Schmitt da Silva
Jean Ricardo Freitas
Jessé Santana de Menezes
Jessica Emy Carmo Niide
Jéssica Jenniffer Carneiro de Araújo
Jéssica Santos
Jéssica Vaz de Mattos
Joabe Nunes
Joana e Márcia Barbosa
Joana Branco
Joana Mutti Araújo
Joana Ramos
João Alexandre Barradas
João Francisco Cabral Perez
João Lúcio Xavier
João Pedro Fahrion Nüske
João Vítor de Lanna Souza
Jonas Vinicius Albuquerque
José Antonio Assis
José de Carvalho
Jose Flavio Bianchi
José Guilherme Pimentel Balestrero
Josiane Nava
Joyce K. da Silva Oliveira
Joyce Rocha Pereira
Juan Eduardo Apablaza
Julia da Silva Cunha
Júlia Flores
Julia Lages
Julia Mont Alverne Martins
Júlia Oldra Medeiros
Julia Salazar Matos
Juliana Costa Cunha
Juliana Couto
Juliana Cristina Otoni Borges
Juliana Gonçalves Pereira
Juliana Maria Ascoli
Juliana Nasi
Juliana Nunes Diniz
Juliana Pôjo Amaral
Juliana Ribeiro Alexandre
Juliana Salmont Fossa
Juliana Silva
Juliana Silveira
Juliana Soares Madeira
Juliana Zancanaro
Juliano Arruda Silveira

Juliano Goes
Julliany Mucury
Julyana Brandao
Junia Botkowski
Karen Pimentel
Karina Pizeta Brilhadori
Karine Franciscon
Karla Angelica Fernandes Gomez
Karla Julliana da Silva Sousa
Karyn Meyer
Katherine Funke
Kátia Aparecida Russi
Kavita Miadaira Hamza
Kellen Dias de Barros
Kelly Campos
Kely R. Coutinho
Kleire Anny Pires
Lady Sybylla
Laiza Felix de Aguiar
Landiele Chiamenti de Oliveira
Lara Almeida Mello
Lara Maria Arantes Marques Ferreira
Lara Niederauer Machado
Lara Prado
Lara Teixeira
Lara Theresa Medeiros Costa Nogueira
    Marques
Larissa Caldin
Larissa Faccio
Larissa Paulina da Silva
Larissa Pelosi de Souza
Laura Amaral Springer
Laura Borges de Carvalho
Laura Charlene Vieira dos Santos
    da Silva
Laura Hanauer
Lázaro Marques de Oliveira Neto
Lê Coelho
Leila Cardoso
Leila Cristine Klin
Leila Oliveira Brito
Leila Silva
Leíza Maria Rosa
Leonardo José Melo Brandão
Leonardo Júnio Sobrinho Rosa
Leonardo Thomé Penna de Souza
Leopoldo Cavalcante

Lethycia Santos Dias
Letícia Camara Machado
Letícia Domingos Eleutério
Letícia Ferreira
Letícia Lucato
Letícia Mie Kawashima
Letícia Simões
Liana Mafra
Liane Bertinetti
Lílian Lima Maciel
Lilian Marçal
Liliane Prestes Rodrigues
Lionete de Sa
Litza Godoy dos Santos Ferreira
Livia Boruchovitch Fonseca
Lívia de Azevedo Silveira Rangel
Lívia Furtado
Lívia Magalhães
Livia Marques Siqueira
Lívia Nobre
Lívia Revorêdo
Liz Corrêa de Azevedo
Liz Ribeiro Diaz
Lizia Barbosa Rocha
Lorena Carvalho Andrade Lima
Lorena Emanuele da Silva Santos
Lorena Pereira Paz
Lorenna Sthefanny Farias Silva
Luan Ernesto Duarte
Luana Hanaê Gabriel Homma
Luanna Maia de Andrade Lima
Lucas Barcellos Lopes
Lucas Belchior
Lucas Carvalho de Freitas
Lucas de Melo Bonez
Lucas Josijuan
Lucas Moraes
Lucas Soares Chnaiderman
Lucas Zanellato Michelani
Luciana Almeida Piovesan
Luciana Ferreira Gomes Silva
Luciana Figueiredo Prado
Luciana Harada
Luciana Maiola
Luciana Maria Truzzi
Luciene Kayoko Goya
Lucio Sergio Luis Junqueira

Ludmila Macedo Correa
Luh Simões
Luiggi Anguiano
Luigi Varella Fiorito
Luís Fernando Alves Oliveira Silva
Luis Fiorito
Luis Lucas Borges da Silva
Luísa Maciel Sena Cecilio
Luisa Müller Cardoso
Luísa Santos Almeida
Luise Castro Borges
Luiz Antônio Correia de Medeiros
   Gusmão
Luiz Eduardo dos Santos Tavares
Luiz Felipe Mittre da Cruz
Luiz Kitano
Luiz Ricardo V. G. da Rocha
Luíza Dias
Luiza Leaes Dorneles Rodrigues
Luiza Mançano Gomes
Luíza Ribeiro de Fazio
Lumi Sano Shine
Lygia Beatriz Zagordi Ambrosio
Magno Almeida
Maíra Leal Corrêa
Maíra Pereira
Maíra Silva da Fonseca Ramos
Maisa Barbosa
Maisa Carvalho
Manoela Andrade
Manuela Mariana S. Ticianel
Marcal Justen Neto
Marcela Güther
Marcela Lanius
Marcella A. Moraes
Marcelle Christine Soares de Souza
Marcelle Saboya Ravanelli
Marcelo Bueno Catelan
Marcelo de Franceschi dos Santos
Marcelo Maia
Marcelo Rufino Bonder
Marcelo Scrideli
Marcia Goulart Martins
Marcia Oliveira
Márcia Pavão Cavalcante
Marco Polo Portella
Marcos Cruz

Marcos Veras Fernandes
Marcus Vinicius Corvelo de Andrade
Mari Fátima Lannes Ribeiro
Maria Aparecida Cunha Oliveira
Maria Augusta Di Muzio
Maria Beatriz Kasznar
Maria Celina Monteiro Gordilho
Maria Clara Nunes
Maria Clara Peixoto Batista
Maria Darlene Nogueira Gonçalves
Maria Do Carmo Morais Garcez
Maria Do Rosário da Silva
Maria Eduarda Araujo Vieira
Maria Eduarda Chiaradia
Maria Eduarda Souza de Medeiros
Maria Esther Maciel Borges
Maria Fernanda Ceccon Vomero
Maria Fernanda Salcedo
Maria Fumiko Sampaio Kumagai
Maria Gabriela Mendes Bastos
Maria Helena Lima de Oliveira
Maria Julia Falcone de Melo Trigueiro
Maria Luiza Rocha Barbalho
Maria Régia Souza
Maria Serra
Mariana Bijotti
Mariana Bontempo
Mariana Bortolotti Capobiango
Mariana Bricio
Mariana Caldas Pinto Ferreira
Mariana Dal Chico
Mariana de Medeiros Costa Franco
Mariana de Moura Coelho
Mariana Eloy Messias
Mariana Esprega Nogueira
Mariana F Rodrigues
Mariana Fernandes Lourenço
Mariana Freitas
Mariana Gauer Correia
Mariana Martins
Mariana Moro Bassaco
Mariana Rolhano Do Amaral
Mariana Velloso
Mariane Gennari
Marianna Feitosa
Marianne Nishihata
Mariely Zanelatto A Mayeski

Mariene Centeno Abel
Marília Carolina de Moraes Florindo
Marilia Queiroz Silva
Marina Araújo
Marina Castro
Marina Dieguez de Moraes
Marina Franco Alves
Marina Galleazzo Martins
Marina Lazarotto de Andrade
Marina Morais Caporrino
Marina Roveri Prado
Marise Correia
Marta Romero
Maryna Meireles Prado
Mateus Cogo Araújo
Matheus Silveira
Mayandson Gomes de Melo
Mayra Donini Soares
Mayra Pelissari
Meire Celedonio
Mellory Ferraz Carrero
Melly Sena
Michele Pahl
Michelle Fátima de Medeiros
Michelle Miranda Lopes
Midiã Ellen White de Aquino
Milca Alves da Silva
Milena Batalha
Milena Silveira
Mirella Maria Pistilli
Miriam Paula dos Santos
Miro Wagner
Monica de Carvalho Pereira
Monica Fusco
Mônica Geraldine Moreira
Monica Ordonez
Mônica Vasconcelos Do Nascimento
Monick Miranda Tavares
Monique Gerke
Murilo Martins Salomé
Mussurana
Naiara da Silva Alves
Naíla Cordeiro Evangelista de Souza
Naína Jéssica Carvalho Araújo
Nanci de Almeida Sampaio
Nanci Lemos
Nancy Gomes dos Santos

Nara Lívia Timbó de Oliveira
Natália Alves dos Santos
Natália Dino
Natália Silveira Rocha
Natália Travagin
Natália Zanatta Stein
Natascha Enrich de Castro
Natasha Mourão
Nathalia Costa Val Vieira
Nathália Dimambro
Nathalia Modesto de Melo
Nathalia Nogueira Maringolo
Nathália Raggi
Nathalia Sousa Borges
Nathalie Aparecida Felicetti Luvison
Nathalli Rogiski da Silva
Nathan Matos
Nayara Suyanne Soares Costa
Nayara Viana Gerolomo
Neid Elzi da Rosa Martins
Neide Jallageas de Lima
Newton Carneiro Primo
Nicalle Stopassoli
Nichole Karoliny Barros da Silva
Nicolas Guedes
Niége Casarini Rafael
Nielson Saulo dos Santos Vilar
Nilton Resende
Nina Araujo Melo Leal
Noemia Francisca de Souza
Norma dos Santos Ferreira Bomfim
Norma Venancio Pires
Núbia Esther de Oliveira Miranda
Odinei Alexandre
Ohana Fiori
Osvaldo S Oliveira
Pâmela Narjara de Los Lira
Paola Borba Mariz de Oliveira
Paola Luduvice Salomao
Pat Carosio Zanetti
Patricia Akemi Nakagawa
Patricia Padovani
Patricia Quartarollo
Patrícia Souza Pereira Pelagio de
   Lacerda
Paula Huang
Paula Piereck de Sá

Paula R G de Mendonça
Paula Rutzen
Paulo Bergallo Rodrigues
Paulo Henrique de Souza Rosa
Paulo Vaughon Santana
Pedro Fernandes
Pedro Figueiredo
Pedro Figueredo Durao
Pedro Gilson de Oliveira
Pedro Henrique Lopes Araújo
Pedro Henrique Trindade Kalil Auad
Pedro Henrique Viana de Moraes
Pedro Lucas Andrade Aguiar
Pedro Ricardo Viviani da Silva
Pompéia Carvalho
Pri Calado
Pri Colodetti
Pri Menezes Frota
Pricilla Ribeiro da Costa
Priscila Daniel Do Nascimento
Priscila Finger Do Prado
Priscila Miraz de Freitas Grecco
Priscila Pfaffmann
Priscila Rachadel
Priscila Sintia Donini
Priscilla Fontenele
Prof. Sérgio Alcides
Queniel de Souza Andre
Rachel Alves de Oliveira E Silva
Rafa Raboni
Rafael Bassi
Rafael Iotti
Rafael Leme Lellis de Andrade
Rafael Mussolini Silvestre
Rafael Theodor Teodoro
Rafaela Altran
Rafaela Nandes
Rafaella Smtt
Raimundo Neto
Raissa Barbosa
Raphael Augusto de Oliveira Santos
Raphael Scheffer Khalil
Raquel Alves Taveira
Raquel Nogueira R Falcão
Raquel Paniago de Andrade
Raquel Torres Gurgel
Raul Frota

Rayanne Pereira Oliveira
Regina Kfuri
Regislayne Morais
Renan Messias
Renata Bossle
Renata Castilho
Renata de Castro
Renata Fiorenzano Marques
Renata Oliveira Silva
Renata Reis
Renata Sanches
Renata Sperrhake
Renata Tirelli
Ricardo Munemassa Kayo
Ricardo Rodrigues
Roberson Guimaraes
Roberta Fagundes Carvalho
Roberta Haydn Skupien Delgado
Roberta Jereissati
Roberto Eduardo Trottenberg
Robson Almeida
Robson Carapeto Conceicao
Rochester Oliveira Araújo
Rodrigo Barreto de Meneses
Rodrigo Bobrowski
Rodrigo Camargo
Rodrigo Carvalho
Rodrigo Facchinello Zago Ferreira
Rodrigo Gomes de Souza
Rodrigo Mutuca
Rodrigo Rocha
Rodrigo Souza
Rodrigo Ungaretti Tavares
Rodrigo Valente
Rogério Felipe Santos Teixeira
Rogerio Santana Freitas
Romulo Cabral de Sá
Romulo Valle Salvino
Roney Vargas Barata
Rosane Piemonte Tufenkjian
Rosiane Paiva
Ruben Maciel Franklin
Sabrina Barros Ximenes
Sabrina Jacques
Sabrina Lucia Vidigal Ferreira
Samantha da Silva Brasil
Samuely Laurentino

Samyra Bernardi
Sandra Siqueira Souza
Sandro Fortunato de Oliveira Alves
Sara Monteiro de Souza Dantas
Sarah de Souza Jafar
Sergio Garcia
Sergio Klar Velazquez
Sérgio Scaccabarozzi
Sheila Jacob
Sheila Momberger
Sheila Virginia Castro
Si Gr
Silvana S. Lima
Silvia Massimini Felix
Simone Arrais
Simone da Silva Ribeiro Gomes
Sine Nomine Sbardellini
Sofia Willrich Bueno
Solange Kusaba
Sonia Aparecida Speglich
Sônia de Jesus Santos Santos
Sophia Bianchi de Melo Cunha
Sophia Luduvice
Stella Souto
Stéphanie Darold
Stephanie Lorraine Gomes Reis
Stephany Tiveron Guerra
Suellen Lorena Ribeiro de Araújo
Suely Nobre Felipe
Susann M G Ardito
Susie Cardoso
Suzana Cunha Lopes
Suzana Huguenin
Tábata Shialmey Wang
Tainara dos Santos Silva Carlos
Taneia Roncato
Tania Kandratavicius
Tânia Maria Florencio
Tathieli Carvalho
Tati Frogel
Tatiana Weber
Tatiane Cereja Santanna
Tatiane Mury Hannisdal
Tatielly Pinho
Tayla de Souza Silva
Tereza Cristina Santos Machado
Tereza Raquel Pereira da Costa

Thainá Lorrane dos Santos Moraes
Thaís Campolina Martins
Thais Cristina Vitale
Thais Giubelli
Thaís Rosa
Thaís Ynaê
Thales Veras Pereira de Matos Filho
Thalita Lorrane de Morais Lopes
Thayssa Cerqueira de Carvalho Escórcio
Thélio Queiroz Farias
Thereza Cristina de Oliveira E Silva
Thiago Almicci
Thiago Canziani Piccoli
Thiago Fabretti
Thiago Martins
Thiago Santos Tiengo
Thomas Ng
Tiago Butarelli
Tiago João de Castro
Uiny Manaia
Úrsula Antunes
Valentina Bascur Molina
Valéria Carolina A. Villegas
Valeska Santos de Santana
Valquiria Gonçalves
Vanessa Ferreira
Vanessa Lazarin
Vanessa Pipinis
Vanessa Santa Brigida da Silva
Vanessa Teixeira
Vedson S. Pinto
Veridiana Ambrósio
Verônica Vedam
Victor Augusto
Victor Cruzeiro
Victor Rui de Masi Teixeira
Victoria Bowman-Shaw
Victoria Giroto
Victoria Ivia Silva Oliveira
Victoria Weise Leite de Lucena
Vinicius Carvalho
Vinicius Eleuterio Pulitano
Vinicius Lazzaris Pedroso
Vinicius Lourenço Barbosa
Vinicius Olmos Battistini
Virgínia de Oliveira Barbosa

Vitor Burgo
Vitor Kenji de Souza Matsuo
Vitor Yeung Casais E Silva
Vitória Oliveira Pacheco
Vivian Osmari Uhlmann
Viviane Cristine Silva
Viviane Danella
Viviane Monteiro Maroca
Viviane Tavares Nascimento
Wacinom - Tem Na Biblioteca
Waldíria Bittencourt Vieira
Walter Alfredo Voigt Bach
Wanessa Cristina Ribeiro de Sousa
Wanessa Regina Paiva da Silva
Wellington Furtado Ramos
Wenceslau Teodoro Coral
Wendel Rodrigues Valadares
Wesley Fraga
Wholacy Fonseca
William Hidenare Arakawa
William Santana Damião
Wilson de Godoi Falleiros
Wilson Duarte
Wolney Fernandes
Yuri Leonardo
Yuri Miranda
Zuleika Branco

COLEÇÃO VERSOS DO VASTO MUNDO

Originária do grego, a palavra poesia significa "criação". Já o verso, seu principal meio de expressão, designa o movimento de retorno. Assim, não à toa Massaud Moisés afirmou que "o verso é cíclico" e é curioso que justamente esse trabalho com a palavra esteja na origem da produção literária ocidental. A coleção se inspira nessa ideia para trazer ao mercado editorial brasileiro o que há de melhor na produção poética desse vasto mundo. Sem demarcações temporais nem geográficas, títulos e antologias de poetas admirados serão apresentados em edições modernas e bem cuidadas, permitindo seu retorno e sua presença diante dos leitores. Da mesma forma, serão privilegiadas traduções com notas e versões bilíngues que aprofundam o conhecimento do leitor e que permitem o reconhecimento da origem da poesia. Por mais vasto que seja o coração do homem, nele hão de habitar os mais belos versos desse vasto mundo.

© Pinard, 2021
© Ordem Franciscana do Chile, 2021
A Ordem Franciscana do Chile autorizou o uso da obra de Gabriela Mistral.
O equivalente aos direitos autorais será entregue à Ordem e utilizado
em benefício das crianças do povoado de Montegrande, do Chile, segundo
a vontade da escritora.

*Grafia atualizada segundo o Acordo Ortográfico da Língua Portuguesa de 1990,
que entrou em vigor no Brasil em 2009.*

EDIÇÃO Igor Miranda e Paulo Lannes
TRADUÇÃO DOS POEMAS Davis Diniz
TRADUÇÃO DA PROSA André Aires e Davis Diniz
POSFÁCIO E NOTAS Davis Diniz
PREPARAÇÃO Paulo Lannes
REVISÃO Eva Leones
PROJETO GRÁFICO Flávia Castanheira
COMUNICAÇÃO Paulo Lannes e Pedro Cunha

Dados Internacionais de Catalogação na Publicação (CIP)

Mistral, Gabriela, 1889-1957
A mulher forte e outros poemas / Gabriela Mistral
tradução: Davis Diniz, André Aires
1ª edição. São Paulo: Pinard, 2021.

ISBN 978-65-00-17383-3

1. Poesia chilena I. Título.
21-56830 / CDD-861

Índices para catálogo sistemático:
1. Poesia: Literatura chilena 861
Maria Alice Ferreira [CRB-8/7964]

PINARD

contato@pinard.com.br
instagram@pinard.livros

@pinard.livros

Impresso em março de 2021, durante a pandemia do coronavírus. Neste momento, o número de mortos no Brasil ultrapassa a marca dos 260 mil.
No Chile, morreram cerca de 20 mil pessoas.

COMPOSTO EM Nocturno Pro
IMPRESSÃO Gráfica BMF
PAPEL Pólen BOLD 90g/m²